EL ESPÍRITU DE TU NEGOCIO

EL ESPÍRITU DE TU NEGOCIO

5 FUNDAMENTOS QUE VUELVEN IMPARABLE CUALQUIER EMPRENDIMIENTO

ANADELIA RODRÍGUEZ

MISIÓN

PUBLICADO POR EDITORIAL MISIÓN
Copyright © 2025 por AnaDelia Rodríguez

Primera Edición Diciembre 2025

L ibro Tapa Blanda: 978-1-958677-51-3
Libro Tapa Dura: 978-1-958677-52-0

Para obtener más información, envíe un correo electrónico a info@EditorialMision.com

Editorial Misión publica libros simples y útiles para emprendedores, *coaches*, conferencistas y dueños de negocio, con la intención de impulsarlos a transformar vidas con su mensaje. Nuestros libros son fáciles de crear y rápidos de leer, diseñados para solucionar un problema en específico. Editorial Misión ofrece un proceso sencillo para permitir que los emprendedores y dueños de negocios se beneficien de la autoridad que proviene de tener un libro, sin la molestia y el compromiso del tiempo normalmente asociado con definir, estructurar, escribir, corregir, editar, diseñar, publicar y promover su obra.

¿Tiene usted la idea de escribir un libro que transforme vidas?
Visite: www.EditorialMision.com para más detalles.

MISIØN

Dedicado a mi Ser Multidimensional
que está presente aquí y ahora.

A mamá María Favela Amador,
por ser mi primer hogar y mi fuerza eterna.
Tu amor ha sido mi refugio y tu sabiduría, mi guía.

A Magdalena G. Lara López, mi querida amiga:
gracias por tu luz, tu apoyo, tu cariño y por motivarme
a abrir mis ojos y ver nuevas oportunidades.

A Culiacán, por abrirme sus calles como un abrazo seguro
y por regalarme el cariño de su gente, que hizo de cada
paso un hogar en mi corazón.

ÍNDICE

INTRODUCCIÓN

¿Te sientes estresado por causa de tu negocio, cansado y sin tiempo? ¿Qué haces "todo lo correcto", pero no importa lo que hagas, sigues cansado, desenfocado y con la sensación de que algo no está en orden?

Si es así, este libro es para ti. No vengo a hablarte solo de números, ventas o estrategias. Vengo a hablarte de algo más invisible y más poderoso: **el espíritu de tu negocio**, ese motor interno que nadie ve, pero que se siente en cada decisión que tomas.

He conocido emprendedores con buenos productos, buenos equipos y buenas ideas... pero con el corazón roto, el cuerpo agotado y la mente llena de miedo. Negocios que en apariencia crecen, mientras por dentro la persona que los sostiene se desmorona.

Ese fue mi caso. Trabajé en empresas grandes, emigré a los EE. UU., levanté mi despacho contable, manejé miles de millas, crie hijos, corrí un maratón bajo la lluvia... y, aun así, hubo un momento en que mi cuerpo gritó: "Así ya no".

En estas páginas te comparto lo que descubrí al tocar fondo, al subir montañas reales y emocionales, al reconstruirme desde adentro. No es teoría de escritorio. Es vida. Es camino. Es el mapa que me ayudó a volver a mí y a hacer más fuerte mi negocio.

En este libro vas a encontrar **cinco fundamentos** que vuelven imparable cualquier emprendimiento. Y cuando estas cinco piezas se alinean, tu negocio deja de ser solo trabajo... y se convierte en un vehículo de propósito y libertad.

Quizá te preguntes quién soy yo para hablarte de esto. Soy contadora pública, coach, conferencista, inmigrante, madre, empresaria y autora *Best Seller*. He llevado contabilidades, abierto oficinas, fracasado, vuelto a empezar y acompañado a muchas personas en su crecimiento financiero y personal.

He visto clientes quebrar por no escuchar a su cuerpo. He visto negocios renacer cuando el dueño decidió sanar su historia. He visto empresas multiplicar sus resultados cuando el líder **alineó su mente y su espíritu** con lo que realmente quería crear.

Lo que diferencia este libro de otros es que aquí no solo te hablo de técnicas para vender más. Te muestro **cómo ordenar por dentro** lo que sostiene tu negocio por fuera. Sin disfraces, sin perfección, con la honestidad de alguien que también se ha caído y se ha levantado muchas veces.

Mi promesa es clara: si decides aplicar estos fundamentos, no solo verás cambios en tus ingresos. Verás cambios en tu paz, en tus relaciones, en tu energía y en la forma en que te miras al espejo cada mañana.

Quiero que imagines, por un momento, una vida donde tu negocio no sea una carga, sino **una extensión de tu alma**. Donde ya no sientas culpa por descansar, miedo por decidir o vergüenza por tu pasado. Donde cada experiencia se transforme en impulso y te lleve a crecer con más libertad.

Ese es el viaje que estás por iniciar. No mañana. No "cuando tengas tiempo". **Ahora**. Porque cada día que postergas, sigues alejándote de lo necesario para avanzar con más fuerza.

En las próximas páginas te voy a invitar a recordar, a cuestionar, a sanar y a decidir. Algunas partes dolerán, otras te harán sonreír, muchas te van a despertar. No te preocupes: no estás solo. Yo caminé este camino antes y aquí te lo entrego paso a paso.

Si sigues la fórmula que te revelo a continuación, vas a reconectar con el espíritu de tu negocio, vas a tomar decisiones más claras y valientes, y vas a construir una vida donde tu esfuerzo tenga **sentido, propósito y luz**.

Te invito a leer cada capítulo con el corazón abierto, como si le hablaran a un niño de diez años que merece una vida mejor. Ese niño o niña eres tú. Y este libro es una mano extendida para recordarte que todavía estás a tiempo de levantar la mirada y empezar de nuevo.

AnaDelia Rodríguez

CAPÍTULO 1

Sin Excusas

Era agosto de 1988 cuando mi mamá nos reunió en la casa. Mi familia había pasado por una situación muy dramática, muy fuerte. Agosto es uno de los meses más calurosos en **Culiacán**; la temperatura puede alcanzar los 40, 41 o incluso 42 grados centígrados. Pero tiene una peculiaridad muy especial: es húmedo. Esa humedad constante hace que sudes sin parar.

Iba a comenzar mi segundo año de preparatoria cuando mamá me pidió que me sentara a su lado. Vi en su rostro una mirada triste, y en su alma, una profunda rotura causada por todo lo que había ocurrido en la familia.

Me dijo que ya no podía ayudarme a estudiar. Tenía que hacerse cargo de mis hermanos más pequeños, pagar sus gastos, y no contaba con el dinero para cubrir los míos. Me explicó que debía empezar a trabajar. Sin embargo, mientras hablábamos, recordamos que a tres cuadras de la casa había una preparatoria. Quizás era la más abandonada de todas las que pertenecían a la Universidad de Sinaloa; tanto, que la gente la llamaba *el gallinero*.

Esa preparatoria tenía un turno nocturno, de siete a diez de la noche, así que existía la posibilidad de estudiar allí. Era dirigida por varios maestros de una misma familia. Prácticamente, aquel lugar funcionaba como un pequeño monopolio, algo que no debería ocurrir en una institución pública, pero así eran las cosas en aquel tiempo.

La primera vez que entré al salón: me sentí completamente extraña. La mayoría de los estudiantes eran adultos. A veces había conflictos porque fumaban dentro del aula, y yo les pedía que no lo hicieran. La escuela tenía varias canchas donde jugaban *futbolito*, como le llaman al fútbol que se practica en una cancha de básquetbol.

Entonces había varias cosas en esa preparatoria muy peculiares. Ahí entré a estudiar mi segundo año de preparatoria. Fue completamente un *shock* para mí, porque siempre estudié en las mañanas, aunque poco a poco me fui adaptando. Conocí a dos hermosas muchachas que en el día trabajaban en oficinas. Una de ellas se convirtió en una de mis mejores amigas. Ella me decía: "Si vas a buscar trabajo, busca en una oficina, no busques en tiendas".

Ese mismo año salí a buscar un trabajo en una tienda vendiendo ropa. Allí trabajé algunos meses, y mi amiga siempre insistía: "Busca trabajo en oficina, busca trabajo en oficina". Ella solía indicarme a dónde podía ir a aplicar para nuevos empleos, especialmente al Centro Empresarial de Culiacán.

El Centro Empresarial de Culiacán era una organización a la que aportan los empresarios, como una cámara de comercio. Allí dejábamos nuestras hojas de vida, porque los empresarios llamaban buscando personal para contratar. Tuve diferentes trabajos antes de que llegara mi primera oportunidad de trabajar en una agencia **Nissan**. Cuando llegué a trabajar allí fue más o menos en agosto de 1989. Fue una experiencia fuerte, porque me acuerdo que iba a ser contratada como cajera, y uno de los hijos del dueño me preguntó: ¿Qué vas a hacer si te doy el trabajo? ¿Vas a dejar de estudiar? Yo le respondí que sí, pero en ese año iniciaba mi último año de preparatoria. Dije que sí, pero en el fondo pensaba: *No, no lo voy a dejar. No lo puedo dejar. Tengo que seguir.*

Fue un año un poco complicado trabajando en Nissan, porque salía entre las seis y media o siete de la noche y, como era cajera, algunas veces debía quedarme más tiempo. Entonces, básicamente, era correr y correr hasta la parada del transporte para tomar el camión rápido y llegar a la prepa. Cuando llegaba, ya en ese tiempo, venía obviamente con mis zapatillas, mis medias y mi uniforme. Me acuerdo que nos ponían unas medias tipo licra, y sudamos mucho. Con el tiempo, me fui acostumbrando.

Al llegar a la prepa, veía que todos en el salón se iban cuando había juego de futbolito; entonces me quedaba sola tomando la clase. También asistía a la clase de química, que era una de las últimas de la noche. En esa preparatoria tenían una regla —bueno, creo que muchas universidades también la tienen—: si hay un solo alumno, a ese alumno se le debe impartir la clase. Así que me quedé, y el maestro de química llegaba, me miraba ahí sentada y decía: "Ay, Anadelia, ay, Anadelia, ¿cómo es posible que te quedes? No puedo ir a ver jugar". Claro, existía **el compromiso**: yo tenía que terminar la prepa.

Muchos maestros eran medio locos, especialmente los míos. Por ejemplo, con el maestro de inglés no aprendimos nada; siempre estaba borracho, era una persona alcohólica. Se sentaba en el salón y, entre que uno no entendía el idioma y él daba la clase en ese estado, no entendíamos nada.

Mi maestro de psicología siempre hablaba de sexo, de cómo era la parte sexual y psicológica en los seres humanos. Traía sus propios rollos. Me acuerdo de un maestro de sociología; él era hermano del de psicología, porque, como mencioné antes, varias familias trabajaban allí. La secretaria también era hermana de ellos. Era, prácticamente, una comunidad familiar.

Yo veía mi propósito más que nada en salir del trabajo, correr a la prepa y sacar las mejores calificaciones posibles. Pero, créanme, mis calificaciones más altas eran ochos; nunca fui una estudiante excepcional. Pasaron los dos años, terminé la prepa y seguí trabajando en Nissan.

En 1989, la empresa había comenzado a actualizarse y adquirió computadoras. Eso generó un despido masivo. Fue la primera vez que sentí el miedo de quedarme sin trabajo, pero al cabo de casi un año de los despidos, me cambiaron de puesto: pasé de ser cajera a recepcionista.

En ese tiempo era común escuchar el rumor de que iban a despedir personal, porque la sistematización sustituirá algunas funciones. Y, efectivamente, así sucedió. No tengo el número exacto, pero creo que fueron unas quince compañeras, muchas de ellas amigas mías. Siempre fuimos muy unidas; en Nissan formamos casi una **familia**.

Creo que gran parte de la empresa era así. En ese tiempo me dieron la oportunidad de llevar la contabilidad de un negocio e incluso realizaba algunas funciones de asistente de **contabilidad**. Siempre tuvimos una amistad muy grande.

Ahí aprendí que el saludo es algo importante: saludar a las personas por igual es un valor agregado que abre puertas, sin importar el nivel jerárquico o académico que tengan, ni el lugar en el que estén dentro de la pirámide de la vida.

Una cosa interesante que siempre cuento es cómo, en la Nissan, me hice amiga de los mecánicos. Los sábados nos daban permiso para ir a lavar nuestro carro. Algunas compañeras pedían a los lavadores que los limpien, y pagaban por ello. Yo también pagaba, pero entraba a lavarlo junto con los mecánicos y los muchachos del *carwash*. Fue ahí donde empecé a preguntarles: "**Enséñame** cómo se cambia el aceite".

Había muchas cosas que los clientes me preguntaban cuando era cajera y no sabía cómo responderles. Simplemente llegaban, yo les entregaba la lista de lo que le habían hecho al carro y les decía: "Le cambiaron las balatas". Era lo único que sabía. Por eso empecé a preguntarles a los mecánicos cómo solucionaban los arreglos de los autos. Fue muy interesante, porque allí logré sentir que tenía una **familia**.

Después participé en una campaña política para la presidencia de México donde el dueño de Nissan era un precandidato. Fue la única vez que participé en política, y me divertí mucho. Creo que era la más jovencita de todo el grupo, y me trataban como si fuera una niña.

Más adelante, cuando me cambiaron al departamento de recepción, hablaba muchísimo por teléfono. Me hice amiga de muchas personas por esa vía. Me encantaba; podía durar horas hablando.

Enseguida de mi lugar de trabajo estaba **Ramoncita**, la secretaria del dueño de esta compañía. Siempre la veía tan feliz. Había sido madre soltera y tendría, quizás, unos setenta años. Ya era una persona mayor, pero cuando hablaba y me contaba su historia, me inspiraba. Sabía hablar inglés y viajaba a diferentes países. De cierta manera, ella me vendió varios de los sueños y las cosas que logró hacer.

Fue pasando el tiempo y llegó el momento de entrar a la universidad. Ahí vino otro cambio. Para mí no era fácil encontrar una universidad que me permitiera trabajar todo el día, porque yo necesitaba hacerlo; debía costear mis gastos personales y comprar mis cosas.

Yo tenía los dientes de abajo chuecos y, en una ocasión, estaba sentada en el escritorio cuando llegó una clienta con una señora y una niña. La niña, de unos cuatro o cinco años, quedaba a mi altura porque yo estaba sentada. Me miró y dijo: "Mira, mamá, qué chistoso tienen los dientes esa muchacha". Y empezó a reírse. La señora volteó, me miró y me dijo que la disculpara. Se fueron, pero eso me marcó muchísimo.

A partir de ese momento empecé a buscar un dentista para que me pusiera los frenos y me arreglara los dientes de abajo. Sabía que todos esos gastos debía pagarlos yo, y por eso entendía que no podía dejar el trabajo.

Cuando terminé la prepa fue muy interesante, porque al final del año reprobé una materia. Uno de mis maestros, que era el director, me dijo: "Ana, reprobaste una materia; tienes que ir a semestrales, a los extras". En los extraordinarios debía estudiar y presentar el examen, pero también me dijo: "Sabes, tú eras la alumna con mejor promedio de toda la escuela y te íbamos a dar un reconocimiento, pero como reprobaste una materia ya no podemos entregárselo".

Ahí me di cuenta de que, si yo llevaba un promedio de ocho, ¿cuánto tendrían los demás? Muchos ni siquiera asistían. Cuando tomaba clases sola con los maestros, los fines de semana prestaba mis libretas a mis compañeros para que copiaran todo lo que había escrito.

Finalmente, me gradué de la preparatoria. Presenté mi extraordinario y lo aprobé. Pero algo interesante era que no alcanzaba a ver lo peligroso o lo fuerte que era esa prepa. Y les voy a decir por qué.

Pasó el tiempo y, hablando con mi amiga, recordé a varios muchachos que solían quedarse parados afuera del salón, observándonos sin entrar. Eran solo espectadores. Tiempo después, esa amiga —Magda— me dijo: "Ana, en la prepa había mucha gente que consumía marihuana. ¿Te acuerdas de aquellas personas que estaban en la orilla del salón viéndonos? Estaban drogadas".

No lo había notado. En ese tiempo, la gente que consumía marihuana era muy rechazada; se les veía mal. Y quizá algunos consumían otras drogas, no lo sé. Ella me empezó a contar sobre ciertas personas que se drogaban, pero yo nunca lo noté. Estaba tan **enfocada** en la escuela que no veía esa parte.

Algunas noches, mi mamá iba por mí cuando salía a las diez. Venía caminando para acompañarme de regreso a casa. Una vez me fui sola y alguien me siguió, pero corrí, porque la preparatoria quedaba a solo tres cuadras de mi casa, no estaba tan lejos. Lo único que quería era llegar, y afortunadamente, nada pasó, solo el susto.

Después de eso, me hice varios amigos, aunque era una persona muy callada. Casi no hablaba, era muy tímida, y creo que la autoestima juega un papel importante. Me consideraba fea porque no encajaba en los estándares de belleza de Culiacán. Ahora entiendo que la belleza depende del país donde estés y de la persona con quien estés. Entonces comprendí que mi autoestima estaba baja.

En México no había salido mucho, no había viajado ni ido a ningún lugar, prácticamente solo conocía Culiacán y el sitio donde vivía antes. La primera vez que conocí a una persona afroamericana fue a un muchacho que había llegado de Panamá; era morenito, un *black guy*. Fue la primera vez que conocí a alguien diferente. Se me hizo tan interesante que lo tengo muy presente, porque tendría diecisiete o dieciocho años en ese tiempo.

Terminé la prepa y seguí trabajando en Nissan, pero llegó el momento en que tuve que decidir qué hacer. Ya me había graduado y debía continuar trabajando. Tuve una reunión con mi mamá y ella me dijo que existía un programa que ofrecía oportunidades para estudiar.

CAPÍTULO 2

Amanecer a las Cuatro

Era el año 1990, pero sabía que no había manera de que la Nissan me permitiría trabajar medio tiempo, como lo hacen ahora algunas empresas. Mi mamá me comentó —no sé si fue una vecina quien se lo dijo— que había una escuela de contabilidad con turno mixto.

Esa escuela tenía clases de seis a ocho de la mañana. De ahí salía y entraba a trabajar a Nissan a las ocho y media. Logré que me dieran media hora de tolerancia, ya que debía entrar a las ocho. Trabajaba hasta las seis y media de la tarde, y luego entraba a la universidad a las siete.

Así fue como mi mamá me dijo: "Si estudias contabilidad, vas a tener trabajo aquí o en China". Esas fueron sus palabras. Yo ya había leído varios libros y sabía que no era buena para las matemáticas; mis calificaciones siempre habían sido de ocho. Era tan callada y seria que a veces me sacaba seis, pero mis maestros me ponían ocho porque consideraban que lo merecía por mi asistencia, por estar callada y por no causar problemas.

Yo fui la adolescente seria y escondida que siempre estaba ahí, con toda la vergüenza que me generaba participar, pero que aun así despertaba reconocimiento en los maestros. No preguntaba nada durante todos esos años. Me quedé con muchas dudas, por vergüenza no hablaba. Pero lograba pasar mis exámenes. Empecé a buscar la forma de resolverlos; era muy buena para la teoría.

En materias como geografía, socialismo, estadística, ciencias naturales y todo lo relacionado con historia siempre sacaba diez, porque era muy buena para la teoría. Eso sí, me lo grababa todo. Entonces mi mamá insistió en que estudiara **contabilidad**, y yo, sin pensarlo ni analizarlo, acepté. A los dieciocho años no tienes una noción clara de lo que vas a estudiar; uno no lo sabe, no está seguro.

Me acuerdo que encontré la universidad, investigué qué días eran las inscripciones y fui. Me inscribí, me dijeron cuándo empezaban las clases y me dieron mi recibo. Salí de ahí corriendo con mis *jeans*, porque algo interesante era que siempre llevaba mi uniforme formal, con zapatillas, pero al salir de la Nissan me cambiaba. En mi mochila traía mis tenis, mis *shorts* cortos de mezclilla y una blusa tipo camisa de hombre.

Ese día salí corriendo; iba caminando y corriendo a la vez. Llegué, subí al segundo piso y entré al salón. Me ubiqué en una esquina desde donde podía ver la oficina y el campus. Era un área desde la cual se veía todo el campo de la universidad: la escuela de Derecho, la de Medicina y las demás facultades del campus.

Entonces, ahí fue cuando dije unas palabras desde lo más profundo de mi corazón: *Juro que de este lugar yo salgo graduada con un título, pase lo que pase, llueva o truene, juro que salgo graduada.*

Creo que esa declaración fue tan potente, tan intensa, que ahí se fueron seis años de mi vida. Fueron seis años en los que trabajé muchísimo, en los que apenas dormía cuatro horas diarias. Viajaba en el camión durante el primer año y lo único que quería era dormir. Dormía y dormía.

Madrugadas que forjan

Hay una historia. Recuerdo que nos levantábamos a las cuatro de la mañana. Con el tiempo descubrí que mi vecina —la que vivía en la esquina, y que por cierto me caía muy mal al principio— había entrado a la misma universidad que yo. Era una persona con la que nunca había hablado; simplemente la rechazaba sin razón.

Mi mamá me dijo: "**Claudia**, tu vecina, también entró". Ese primer día de clases íbamos a tomar el camión juntas. Yo caminaba por dos bloques para alcanzarlo; el primero pasaba a las cinco de la mañana, así que teníamos que levantarnos a las cuatro.

Me bañaba a esa hora, con agua helada, porque siempre he tenido la costumbre de hacerlo así. Aprendí que el agua fría es muy saludable, así que me metí a bañar con agua helada antes de salir.

Cuando hacía calor, se sentía rico porque el agua estaba bien, pero cuando hacía frío, la piel se erizaba y eso te despertaba más. Entonces me levanté, me bañé y me preparé. A las cinco de la mañana tenía que salir de la casa diez minutos antes para caminar y alcanzar el camión.

Al llegar a la parada de los camiones, había varios árboles en ese lugar, pero solo un poste de luz. Era el único que iluminaba; el resto era pura oscuridad. Iba caminando y vi a una persona que también esperaba el autobús. Cuando me acerqué, me di cuenta de que era mi vecina Claudia, aquella con la que nunca había hablado. En ese momento le hablé y le pregunté si iba a la universidad.

Claudia era una chica que siempre iba maquillada. Se ponía debajo del poste de luz para maquillarse, y era muy interesante porque, cuando subíamos al autobús, me decía:

—*Ana, ¿estoy bien maquillada?*

Y yo le respondía: —*Quítate algo de las sombras, quítate esto o estás muy roja de la cara.*

Con la luz del poste no podía ver bien su maquillaje. A partir de entonces, ella se convirtió en una de mis grandes amigas, porque siempre íbamos juntas en el camión.

A veces el camión iba lleno, al límite, y nosotras llevábamos mochilas repletas de libros. Teníamos cinco o seis clases, y en ese tiempo había que llevar los cinco libros y las cinco libretas, una por materia, además del libro extra que estábamos leyendo. Así que cargamos como diez cosas.

El gran mérito para subir al camión era lograr poner **un pie** sobre el escalón de la puerta, porque iba tan lleno que, a veces, el chofer la dejaba abierta y la gente se colgaba. Nuestro logro era alcanzar a poner un pie y agarrarnos, aunque fuera de la barra. Poco a poco, a medida que la gente se bajaba, íbamos subiendo hasta acomodarnos. Ahí nos encontrábamos con mi hermosa amiga **Hada**, que ya venía en el camión desde antes que nosotras, y como venía sentada, nos ayudaba con nuestras mochilas.

Lo curioso era que yo trabajaba en Nissan, y muchas veces llevaba el uniforme con zapatillas. Aquellos tiempos eran muy interesantes. No sé cómo lo hacíamos, pero gracias a la agilidad que teníamos, y a las ganas de salir adelante, nos colgamos del camión. Íbamos completamente por fuera, y a medida que bajaban los pasajeros, logramos subirnos del todo.

ANADELIA RODRÍGUEZ

Pero hay algo que pasa mucho en los camiones, y quiero contarlo porque es una realidad. A veces, cuando el camión iba lleno, los hombres se te arrimaban y te ponían sus partes en las pompas. Yo usaba falda con medias, el uniforme era un traje sastre, porque después de la universidad iba directo al trabajo.

Cualquier hombre que se arrimaba demasiado, tratando de tocarme, recibía un taconazo. Si sentía que alguien se me pegaba con intención de acosarme, levantaba el tacón y le daba un golpe en el pie. Al instante se apartaban, sin decir nada.

Era una experiencia incómoda, pero con el tiempo uno va descubriendo formas de defenderse. Aprendes, poco a poco, a protegerte a ti misma.

Pasa el tiempo y termino mi primer año, muy difícil y agotador. Créanme que lo único que quería era dormir. Era lo que más anhelaba: dormir. Llegaba a mi casa, dejaba la mochila en el primer sillón al entrar y me acostaba. En un segundo me dormía, estaba tan agotada.

A veces, por la noche, tomábamos dos camiones: uno desde la casa hasta el centro de Culiacán, y en el centro teníamos que tomar otro que nos llevase a **la universidad**. Teníamos una hora para llegar, así que era **correr y correr** para alcanzar el camión. Así pasó un año.

Después de ese año, llegó un cansancio... un cansancio profundo, de esos en los que solo quieres dormir. En la noche, tomábamos a veces el camión a las doce, porque ya no había tantos. A veces solo íbamos nosotras, y le decíamos al chofer que si nos dormíamos nos despertara en cierta parada. Algunos lo hacían, pero otros no, y nos tocaba bajarnos donde podíamos.

Había ocasiones en que debíamos caminar diez cuadras —diez bloques— en la noche, llegando a casa cerca de las once y media o las doce. Pero había algo muy bonito: cuando llegábamos, siempre veíamos a dos señoras sentadas cerca de la calle, en una banca. Eran mi mamá y la mamá de Claudia, esperándonos. Esas dos señoras hermosas no se dormían hasta que llegábamos.

Luego, apenas dormíamos unas horas, porque a las cuatro de la mañana ya teníamos que levantarnos otra vez. Así pasó un año.

Mis amigas Claudia y Hada, en su segundo año, consiguieron que en su trabajo les dieran oportunidad de estudiar en la noche, así que se cambiaron de turno. Yo seguí con el mío, sola.

Me aventaron al fuego

Dentro de todo ese medio sueño, sucedió algo bonito: en Nissan recibí mucho apoyo. La contadora me llevó al área contable y me dio mi primera contabilidad. Debe haber sido por el año 1991 o 1992 cuando me dijo que iban a abrir un nuevo negocio y me preguntó si estaba preparada para hacerlo.

Yo no sabía nada de contabilidad, estaba completamente perdida. Pero un día me dijo:

—*Ana, me voy a ir a un curso de tres días a otra ciudad, a Hermosillo, Sonora. Cuando regrese, quiero que me tengas listo un estado financiero de esta compañía.*

Haz de cuenta que me habló en chino, pero le dije que sí. No sabía cómo, pero lo iba a lograr. Ella se fue, y yo me quedé con el reto. En ese tiempo, esa contadora —que fue **mi mentora**— me enseñó muchísimo. Cuando se fue, yo ya sabía cómo hacer cheques y trabajaba en el área contable, pero aún no sabía cómo elaborar un **estado de pérdidas y ganancias** ni cómo calcularlo.

Entonces me acuerdo que estuve llamando a todas mis amigas. Les llamé porque, en el turno mixto, había mucha gente que trabajaba en bancos, en contabilidades, e incluso algunas en el gobierno. Ellas tenían experiencia, así que llamé a todas mis amigas y les pregunté cómo se hacía un estado de pérdidas y ganancias. Me puse a trabajar, aprendiendo, y lo logré. Cuando regresó la contadora, le dije que ya tenía todo listo. Ella me respondió: "Felicidades, Ana. Era lo que yo quería. Quería que entendieras a dónde y por qué se hacen ciertos movimientos, que encontraras el rompecabezas de la contabilidad, la esencia de la contabilidad". Nunca se me va a olvidar eso, porque en realidad me aventó, como quien dice, al fuego.

CAPÍTULO 3
Entre Libros, Sueños y Hambre

Aprendiendo contabilidad pasé hasta 1994. Esos años fueron muy intensos; hice muchísimas actividades. Formamos una **fundación de secretarias ejecutivas**, porque en ese tiempo se celebraba mucho el Día de la Secretaria. Logré participar —no sé cómo—, pero conseguimos que un hotel nos prestara un espacio donde reunirnos todos los miércoles. Teníamos la actividad de reunirnos con las secretarías ejecutivas, y le llamamos **Asociación de Secretarias Ejecutivas**.

Cada miércoles llevábamos a un expositor que nos hablaba de distintos temas: cómo hablar en público, cómo presentarse... Una vez llevamos a un señor que hacía hipnosis. Lo vi y no me gustó mucho, pero pensé: *No importa, voy a estar en la clase de hipnosis.* Escuché todo lo que decía, y él empezó a hipnotizar a quienes se dejaban. Yo, dentro de mí, pensaba:

No me voy a dejar hipnotizar por nadie. Nunca voy a permitirlo. Con el tiempo comprendí más sobre la hipnosis.

Con las secretarias ejecutivas viajamos por todo el estado de Sinaloa haciendo reuniones. Elaborando planes de trabajo, consiguiendo patrocinadores y, hasta nos hicieron varias notas en el periódico. Entre todas colaboramos en la organización de los eventos.

Cuando íbamos a esos eventos que ofrecían los patrocinadores, la comida se me hacía tan rica. Muchas veces asistía con mis amigas, con las que salía de vez en cuando, porque los patrocinadores las invitaban. Y como siempre vivíamos con hambre y sueño, aceptamos encantadas.

Mis amigas vivían cerca de mi casa y viajaban conmigo. Sabíamos que nos encontraríamos en el mismo camión, y así nos hicimos tres amigas inseparables desde el primer año de universidad.

Al comenzar el segundo año, mi amiga Hada se salió. Dijo que la contabilidad era muy fácil para ella y que quería estudiar arquitectura. Había sido una estudiante que siempre sacaba notas altas. Me dejó sola. Con ella íbamos peleando en los camiones, colgadas. También salió Claudia, pero a ambas les tocó participar conmigo en las **Secretarias Ejecutivas**.

Las tres íbamos a comer a los banquetes que ofrecían los patrocinadores.

Estaba parada sirviendo comida y les dije a mis amigas: "Cuando hay mucha comida, tragamos; y cuando no hay, nos aguantamos". Y así era: comíamos mucho porque no sabíamos cuándo volveríamos a comer así, ni cuál sería la siguiente actividad, ni a qué hora llegaríamos a casa.

En ese tiempo, mi mamá desarrolló una unión muy fuerte conmigo. Siempre estuvo presente durante toda esa etapa. A veces me enviaba comida a Nissan; otras, yo llegaba a comer a casa y siempre tenía la comida lista. Me apoyó muchísimo: me ayudaba a lavar el uniforme, mi ropa, y a veces no quería que hiciera nada en casa, porque me veía tan cansada. Me decía: "Tú dedícate a estudiar y nada más".

Esa era mi casa, mi refugio. Creo que ahí encontré un gran soporte. Fue cuando por primera vez me di cuenta de lo bonito que es tener **un hogar** donde te apoyen, un lugar **sin problemas**, donde te dan el respaldo que necesitas. Ella fue mi soporte, mi más grande apoyo.

Era llegar a **un lugar** donde podía **descansar, ser yo misma, sin críticas, sin gritos, sin juicios**. Cuando llegaba a casa dormía cuatro o cinco horas, pero las dormía muy bien, porque estaba en paz. Ella, a pesar de todo lo que había pasado en la familia, me daba la tranquilidad que necesitaba.

Por eso podía enfrentar tantas horas de trabajo y estudio. A los dos años de estar en la universidad logré comprarme un carro. Hablé con el dueño de la Nissan y me dio un préstamo con el que lo compré. Aunque era usado y tenía sus complicaciones, era mío.

A veces me quedaba varada en la calle, y llamaba a mis amigos mecánicos; ellos siempre llegaban a ayudarme. Ahí entendí la verdadera amistad. Los mecánicos me apoyaban constantemente; podía meter el carro a la Nissan y ellos me lo reparaban.

Ese apoyo me sirvió muchísimo durante la universidad. La familia Nissan siempre fue muy buena conmigo. Sin embargo, entró una persona al área de control, y eso **cambió todo**. Hubo cosas en su comportamiento hacia mí que no me gustaron, y fue entonces cuando decidí salirme de Nissan. Me dolió muchísimo dejarla, dejar a mi familia de Nissan, pero no podía quedarme en un lugar donde algo me incomodaba.

Duré dos meses sin trabajar, solo estudiando. Después solicité un puesto de trabajo en la Distribuidora del Pacífico Modelo. El día que me llamaron estaba visitando a mis amigos de Nissan. Me dijeron que fuera inmediatamente, y fui.

Cuando llegué a la entrevista, el control estaba en el tercer piso de un edificio con ventanales de cristal. La persona que me recibió me preguntó: "¿Por qué vienes vestida así? Mira a las muchachas que están en la fila: vienen bien peinadas y bien vestidas. ¿Por qué tú no?".

Le respondí: "Porque mi conocimiento está en mi mente, no en la ropa que me ponga".

Eso ya lo había aprendido antes, porque en otro trabajo me rechazaron. En esa ocasión me preguntaron qué religión practicaba y a dónde había viajado, porque en ese tiempo todavía hacían ese tipo de preguntas.

Entonces, para mí, llenar un formulario era complicado. Ponía: "No tengo religión". Cuando el dueño de la compañía se dio cuenta de eso, me dijo: "No te puedo aceptar porque aquí dice que no profesas ninguna religión".

También preguntaban a dónde había viajado, y yo no mencionaba lugares. ¿Qué iba a poner? A mí se me hacía una injusticia que me hicieran esas preguntas. Cuando pedían que escribiera mis *hobbies*, siempre ponía "leer y leer", porque era lo que más me gustaba.

Siendo joven, realmente no recuerdo haber comprado cosas extra o de lujo. Mi mayor lujo era comprar libros. En aquel tiempo había un puesto de revistas donde, cada día, sacaban libros premiados, escritos por ganadores del Nobel de Literatura. Iba y le preguntaba al señor del puesto: ¿Ya salió el libro nuevo? Y él me decía: "Pronto llega". Luego me avisaba: "Te tengo un libro nuevo". Y se lo compraba.

Todavía conservo una colección de diez libros de escritores ganadores del Premio Nobel.

CAPÍTULO 4
Descubriendo Quién Era Yo

24 de junio de 2018.

Ayer hablé con un amigo de años. La conversación se volvió intensa y, en varias ocasiones, me llamó "güey". No era la primera vez. Le pedí que se detuviera, que por favor no siguiera diciéndome así. Él se rio y me dijo que era solo un modismo mexicano, que no era ofensivo.

Pero dentro de mí algo dijo que era momento de explicar por qué esa palabra me dolía. Le pregunté si sabía la diferencia entre un buey y un toro. Respondió que sí. Le aclaré que soy una dama, que tengo nombre, y que ese término no me representa ni me gusta.

Le conté que soy de rancho y siempre lo seré. Desde niña entendí la fuerza de un toro: firme, veloz, con la mirada decidida, la cola levantada y la energía de quien sabe quién es. Un toro camina empoderado, buscando su siguiente aventura, con esa presencia imposible de ignorar.

Y luego está el buey. Cómo olvidar sus ojos en el instante en que mi papá los operaba para quitarles los testículos. Su mirada se perdía en el vacío. Su fuerza masculina se apagaba y solo quedaba la fuerza física. A los días ya estaban listos para cargar, listos para obedecer, listos para servir.

"Güey" es un modismo mexicano que ha cruzado fronteras, pero ¿acaso no se ha vuelto una realidad? ¿Será que las palabras se convierten en destino? ¿Será que, al decirlo tanto, algunos llegan a vivir como bueyes, castrados en espíritu y resignados al peso del mundo?

A veces me pregunto si, como humanidad, hemos llegado a aceptar ser menos de lo que somos. Si algunos se quedaron sin energía, sin voz y sin sueños, viviendo como "bueyes"... cuando en el alma nacieron toros.

Cosas maravillosas que pasan en la vida

Una vez hubo un evento de una señora que daba una conferencia para jóvenes empresarios. Llegué, me senté, no hablé con nadie; solo estuve ahí, presente, escuchando. Esa señora hablaba con una emoción enorme sobre su viaje a Rusia y sobre la cultura rusa. Y en mi mente pensaba: *Quiero viajar.*

Salí de ahí a las diez de la noche. **Estaba lloviendo**, y no llevaba carro, quizás porque se me había arruinado o porque algo había pasado. Esperé el camión, pensando en esa señora, en sus viajes, en mis sueños, en cómo quería viajar y tener **mi propio negocio**.

Me senté en una banca bajo un techo que protegía del sol y de la lluvia. Ya eran las once de la noche, y no pasaba ningún camión. La calle estaba completamente inundada. Entonces llegó un señor en un carro Volkswagen; era **el organizador del evento**. Me vio, se detuvo y me preguntó: ¿Adónde vas? Le dije que iba a mi casa, y me respondió: "Yo vivo cerca, te llevo".

Con toda la confianza del mundo me subí al carro. Pero al llegar a cierta calle, vimos que estaba inundada. Había un arroyo cerca, y el carro no podía cruzar porque era bajito. Él me dijo: "No puedo cruzar, el agua está muy fuerte. Vivo cerca, si quieres vamos a mi casa, esperamos que baje la lluvia y luego te llevo".

Yo estaba toda mojada, así que le dije que sí. Mientras íbamos en el auto me dijo: "Está mi esposa". Al llegar a su casa; la esposa me vio empapada, y él le explicó lo que había pasado. Ella me prestó ropa seca, tomó la mía y la metió a la lavadora y luego a la secadora. Me preparó un té, y esperamos hasta la una o dos de la mañana.

Cuando paró la lluvia, me cambié, me puse mi ropa seca y él me llevó a casa. Eran ya como las dos de la mañana. Mi mamá estaba despierta, pero yo había tenido la oportunidad de llamarle antes. Le pedí a la señora el teléfono, le expliqué la situación, y ella sabía que iba a llegar más tarde.

Son esas cosas maravillosas que te pasan en **la vida** y sabes que alguien te está protegiendo. Porque prácticamente lo había visto solo en el evento, y fue una persona maravillosa que me ayudó en ese momento. Le agradezco muchísimo. Han pasado muchos años, pero, aun así, donde quiera que estén él y su esposa, que Dios los bendiga.

En otra ocasión, mi carro empezó a tener problemas de transmisión y también se desconectó la batería. Mi carro ya estaba viejo, era un Nissan blanco, tipo larguito. No recuerdo el modelo, pero era un carro pequeño. Entonces, un mecánico me dijo: "Vas a hacer la conexión entre lo positivo y lo negativo, vas a poner un desarmador en medio de los cables; cuando encienda, le quitas la mano y el carro va a dar arranque". Y así lo hacía.

Después, el carro se apagaba y yo ya sabía cómo resolverlo. Cada vez que salía de la universidad, pedía ayuda a algunos compañeros para que me dieran arranque. Me daba vergüenza, porque tenía que abrir el capó y hacer la conexión entre los dos cables; se prendía, arrancaba y me venía a casa.

Pero una vez se descompuso completamente de la transmisión. En cuanto se apagó el carro, el compañero que venía conmigo, me dijo: *¿Qué hacemos, Ana?* Y le respondí: "No sé". Entonces descubrimos que el carro podía avanzar, apagado, **en reversa**. Eran como las doce de la noche y ya habíamos batallado bastante. Él me dijo: "Pues vámonos así". Yo había pensado dejar el carro y venirme caminando. No era tanta la distancia, como unos dos kilómetros hasta mi casa.

Esa zona de Culiacán tenía muchas subidas y bajadas, así que, poco a poco, me vine en reversa hasta llegar a la casa. Quizá fueron un kilómetro o dos, pero eran cerca de las doce de la noche y yo venía manejando en reversa.

Le invertí mucho dinero, pero logré repararlo gracias a mis amigos de Nissan. Los mecánicos me ayudaron: le cambiaron la transmisión y volví a tener mi carro funcionando.

Tiempos de retos

Pasó el tiempo y estaba trabajando en la Cervecería Pacífico Modelo, en un edificio grande. Eso fue en 1994. Faltaba un año para graduarme de la universidad, y pensaba mucho que 1995 iba a ser especial para mí. Lo veía maravillosamente. Decía: "Voy a terminar, me voy a graduar". Siempre tenía esa **ilusión**; pensaba: "Voy a hacer esto, voy a esforzarme".

Durante todos estos años siempre hice ejercicio, porque sabía que pasaba mucho tiempo sentada. Compré una bicicleta estática, también brincaba la cuerda; hubo un tiempo en que hacía quinientos saltos diarios. Los domingos, mi día de descanso, me reunía con mis amigos de la universidad para jugar básquetbol, así que ni siquiera ese día descansaba. Me iba a las seis de la mañana al parque a jugar.

Hacía mucho ejercicio. Cuando estábamos en la universidad, Hada, Claudia y yo caminábamos desde la universidad, especialmente los sábados, cuando teníamos alguna clase especial. Caminábamos del parque al Palacio de Gobierno, en Culiacán. Allí había un pasto tan bonito que nos acostamos un rato, hambrientas porque muchas veces no comprábamos comida. Solo nos tirábamos en el pasto, dormíamos dos horas y luego seguíamos caminando hasta nuestras casas. Caminamos calles y más calles conversando y compartiendo risas, dolores, y sueños por realizar.

En ese tiempo hicimos una hermosa amistad entre nosotras. Mi amiga Hada era súper inteligente; tenía puras notas altas, y en el segundo año se salió para estudiar arquitectura. Yo le decía que sus certificados eran aburridos porque tenía solo dieces. En cambio, las calificaciones de Claudia y las mías eran más interesantes, porque la gente buscaba dónde nos habíamos sacado un seis o un siete. Esa unión, esa amistad, hasta la fecha ha durado años.

Mis amigas fueron un gran apoyo. Hada siempre me decía que admiraba mi paciencia, lo callada y lo filosófica que era. A veces eso era positivo, pero ahora entiendo que no siempre lo es; estar callada no siempre es bueno.

Hada era muy de ciencia, y Claudia era muy religiosa. Para Claudia todo era obra de Dios; para Hada todo necesitaba una explicación. Y yo siempre estaba en medio de las dos, tratando de mantener la paz, porque a veces discutían.

Una vez, tirada en el pasto del Palacio de Gobierno de Culiacán, medio dormida, pensaba: "Ojalá no me vean mis jefes, porque si me ven, me corren del trabajo". En la cervecería eran muy estrictos. Era la Cervecería Pacífico y Modelo, y en ese entonces tenían políticas que me parecían muy desagradables. A los veinticinco años ya te consideraban vieja; si una mujer se casaba, debía salir, y no podías llegar a ser gerente o *manager*, porque ese puesto era solo para hombres.

Teníamos muchos beneficios: nos pagaban bien, nos daban viajes, pero estábamos limitadas. Si una mujer quedaba embarazada, debía renunciar. La oficina era muy bonita, y yo me sentaba junto a la ventana a mirar la montaña que estaba enfrente y a soñar.

Soñaba con viajar, con vivir en otro país, con hablar otros idiomas, con tener una familia e hijos. Siempre decía: "Cuando tenga treinta años, voy a tener dos hijos, un esposo y una casa". Soñaba con viajar a Canadá, con conocer Nueva York. No me gustaba estar siempre en el mismo lugar.

Fue entonces cuando **empecé a hablar**, porque en el fondo sentía que algo no me gustaba, que algo no encajaba. El director disfrutaba estar rodeado de mujeres, todas muy bellas. Yo me consideraba fea, pero él empezó a invitarme a eventos especiales, como cuando venían artistas. Me preguntaba: *¿Por qué me invita a mí si soy fea?* Él siempre invitaba a muchachas guapas.

Una ocasión me dijo: *Tienes manos bonitas*. Le respondí: *Gracias*. Y me dijo: *Me recuerdan mucho a una exnovia que tuve. ¿Sabes? Cuando uno recuerda unas manos, casi siempre son de alguien especial. ¿Tú recuerdas unas manos que se te hayan quedado grabadas?*

Le respondí: *Sí, las de mi papá. Las manos de mi padre siempre las tengo grabadas en mi memoria.*

Creo que esa conversación **cambió** toda la historia de mi vida. Con el tiempo descubrí que él quería formar un grupo de mujeres que tuvieran sexo con él. Muy seguido me preguntaba si tenía novio; yo le decía que eso era parte de mi vida personal.

Una habilidad que desarrollé fue **no mezclar el trabajo con mi vida personal**. Por ejemplo, podía trabajar con un hombre casado, pero lo respetaba muchísimo, porque sabía que tenía un hogar.

Especialmente cuando me decían: "Soy casado, tengo niños", era como si se levantara una barrera. Siempre los respetaba muchísimo. Podían ser mis amigos, pero los respetaba mucho en ese sentido. También aprendí a no hablar de mi vida personal, por todas las cosas que me habían pasado. No quería hablar de las tragedias familiares; no quería contarlas.

Con el tiempo, llegué a formar una imagen de persona misteriosa, y él intentaba entrar en mi vida preguntándome por mis novios, pero yo no lo permitía. Él llamaba a cada muchacha y las hacía pasar a su oficina, donde hablaban por horas. Cuando le conté que lo que más recordaba eran las manos de mi papá, quizás entendió que había una conexión fuerte con mi padre y que yo tenía un respaldo familiar.

Creo que, si yo hubiera mostrado debilidad o desprotección, él me habría ofrecido lo mismo que les ofreció a otras muchachas, o lo que hizo con algunas empleadas: las invitaba a fiestas donde había sexo, y cuando algunas se negaban, las atacaba laboralmente. Gracias a Dios, logré frenarlo a tiempo, y nunca llegó a proponerme nada.

Trabajé ahí dos años, pero yo seguía **soñando**. Sentía impotencia por no poder hacer más dentro de esa compañía, porque estaba limitada. A los veinticinco años, las faldas debían ir debajo de la rodilla, y empecé a sentir que me quitaban mi libertad.

Fue entonces cuando decidí buscar otras opciones.

CAPÍTULO 5
El Salto Más Largo

Hablando con mi hermana, que vivía en Estados Unidos, le pedí ayuda para poder ir después de terminar la universidad. Ella me dijo que sí. Terminé mis estudios en 1995, el año más maravilloso de mi vida. Lo viví exactamente como lo había soñado.

El día de mi graduación fue el 11 de agosto de ese mismo año. Lo más hermoso fue ver a mi mamá sentada con lágrimas en los ojos. Hicimos una misa donde el cura bendijo los anillos. Para poder recibir la hostia tenía que haber hecho la primera comunión, y yo no la había hecho. Hablé con mi mamá, y ella fue a la iglesia de la colonia. La señora encargada me dio clases de catecismo, así que empecé a estudiar.

Un mes antes de la graduación, andaba con el libro de catecismo corriendo por las escaleras del trabajo y de la universidad. Mi sueño era recibir la hostia durante la misa de graduación, como símbolo de bendición para mi anillo.

El día de la graduación pude hacerlo. Hice mi primera comunión y participé en la misa de los graduados. Fue un momento muy hermoso: caminar junto a mis compañeros, recibir la hostia. Creo que esa fue la única hostia que he recibido en toda mi vida, pero fue un acto simbólico, lleno de emoción.

Yo quería pagar todos los gastos del evento, pero no me alcanzó para cubrir la ceremonia donde entregaban los diplomas. No pude asistir, y le dije a mi familia que la fiesta sería mi regalo para ellos.

Mi papá ya no vivía con nosotras, pero le había dicho: "Recuérdalo, el 11 de agosto es mi graduación". Él llegó el día 10 y me dijo: "Hija, aquí está este dinero", y me lo dio para que pagara parte de los gastos de la fiesta.

Cuando llegó el día, tenía invitados, pero me sentía sola. Recordé cuando cumplí 21 años: mi mamá me había hecho una fiesta y pensé que nadie iría. Estaba lloviendo, y ella había preparado la comida. Yo decía: "Dios mío, nadie va a venir". Pero, por sorpresa, llegaron dos carros llenos: eran mis amigas de Nissan. Celebramos y fui muy feliz, porque en el fondo temía que nadie llegaría, y sí vinieron.

En la fiesta de graduación me pasó lo mismo: pensé que mi mesa estaría vacía. Pero como por magia, la gente llegó. Mi hermana vino desde Los Ángeles con su esposo y sus hijos. Cuando llegaron, me preguntaron: "¿Por qué no nos pediste dinero, Ana? Podríamos haberte ayudado a comprar más comida".

Les respondí que lo que había preparado era lo que podía ofrecerles. Ahí entendí algo: que nunca pedía ayuda, que siempre quería resolver todo sola. Ese día aprendí que hay que **aprender a pedir**, porque a veces nos encerramos tanto en nosotros mismos que no pedimos el apoyo que necesitamos.

Así fue mi graduación, y yo feliz, porque ahí te va: culminé una etapa. Pero cuando terminas una etapa, también sientes mucho miedo. Había anhelado tanto llegar a ese momento de la graduación, que me dio miedo pensar qué seguía después. ¿Seguir trabajando en la Cervecería Modelo, donde en aquel entonces se veía todo como que no había futuro? Era un lugar donde, a los veinticinco años, ya eras considerada vieja... y yo todavía no los cumplía, pero ya iba para allá.

La universidad me exigía un año de servicio social. Tenía que hacerlo dentro de la institución. Fui unos días, regresé y seguí cumpliendo con mis horas. Pero, cuando terminaba la jornada, me iba al río de Culiacán y me ponía a escribir **cartas**, cartas dirigidas a mí misma, algo que durante años había hecho.

Al principio eran historias, pero también cartas de tristeza, cuando me sentía mal. Sin embargo, siempre terminaban con algo positivo: "Vamos, lo vas a lograr". Después, escribía cartas cuando sentía algo por alguien; esas las rompía y las lanzaba al río, y el río se las llevaba.

Durante años **soñé con escribir libros**. Siempre he leído, porque los libros han sido mis mejores amigos. Bueno, mi mamá decía que los mejores amigos debían ser los humanos, y es verdad, no los voy a dejar de lado: mis amigos humanos, hombres y mujeres, son los mejores.

Así fue que, en 1996, **decidí venirme a Estados Unidos.** Terminé mi servicio social, tramité todo lo de mi título y viajé. Preparé todo: vendí mi carro, hablé con mi mamá, me despedí de todos y me vine.

Llegué a **Los Ángeles, California** un 26 de agosto. Ya tenía pasaporte como estudiante, y como trabajaba en Nissan, fue fácil obtenerlo. Así fue como llegué a Estados Unidos.

Decidir emigrar a otro país requiere mucho valor. Sí, esas palabras ya han sido dichas por muchos y, quizá, siempre suenen triviales, tanto que repetirlas podría parecer aburrido. Pero dichas por mí, que he emigrado tantas veces, quizás se consideren con un poco más de valor y conciencia.

Porque emigrar no es solo dejar el país... dejas ¡años de vida! Vuelas alto con las únicas pertenencias que son **el alma, la ropa y los sueños** que llevas en la mente y en el corazón.

Desde el primer día que llegué a Estados Unidos, supe que era un país completamente diferente. No por lo que me habían contado, sino por lo que mis propios ojos veían.

Desde adolescente solo escuchaba lo bonito de este país y de las grandes comparaciones, siempre poniéndolo de ejemplo en todos lados. En cada cosa que estudiaba en la universidad había un **comparativo**; si veía la televisión, había comparativo; si compraba algo, había comparativo. Entre los amigos, se hablaba de comparativos; si escuchaba música, había comparativo. En cada espacio de crecimiento, siempre existía la comparación, incluso en la comida.

Vivíamos en una constante comparación con un país que no era el nuestro. Y así fue como muchos terminamos viniendo a este país, que es maravilloso, pero que también tiene ese peso que a muchos los atrapa y los aniquila.

Así fue como se nos vendió la idea de un país mejor, fabuloso. Y sí, verdaderamente lo es, porque para mí —en México, mis posibilidades no me permitían darme ciertos lujos en aquel tiempo— venir aquí y descubrir que podía hacerme una manicure sin quebrar mi economía fue sorprendente. En mi país, durante todos los años que viví allá, nunca pude hacerlo. Aquí sí pude.

Los dos primeros años de mi llegada los pasé trabajando en una tienda de ventas, donde aprendí un poco sobre el arte de vender. Puedo describir esos años como **muy duros**, por la adaptación, por la ausencia de mi gente favorita, por el desarrollo de nuevos hábitos: comer sola, ir al cine sola, pasar más tiempo conmigo misma, aprender a resolver mis propias situaciones y, por supuesto, entender el idioma.

También aprendí a aceptar a personas de diferentes nacionalidades sin juzgar, solo por el hecho de ser de un país distinto. Ahí fue cuando realmente aprendí a ser **bicultural**.

Uno de los retos más grandes que enfrenté fue el miedo a manejar a una velocidad que nunca había experimentado, a ir entre tanto tráfico en el centro de Los Ángeles, a perderme entre esas calles sin saber adónde me dirigía. **Me perdí cientos de veces**. Fueron pérdidas callejeras que, al final, me llevaban a encontrarme conmigo misma, llorando de frustración, pero siempre logrando el propósito de llegar a mi destino.

CAPÍTULO 6

El Día en que Mi Cuerpo Gritó

En agosto de 1998, mientras estudiaba inglés, conocí a mi amiga **Lourdes**. Ella es contadora, igual que yo, y fue entonces cuando nos lanzamos a la aventura de buscar trabajo en el área contable. Siendo contadoras de un país extranjero, y sabiendo lo mucho que nos había costado terminar la carrera, no podíamos dejar atrás esta profesión.

Lourdes investigó y descubrió que, para hacer una contabilidad básica como auxiliar contable, no necesitábamos licencia aquí en California. Fue entonces cuando comenzamos a llenar solicitudes en **la comunidad hispana**. Mi inglés era muy básico, el de ella estaba más avanzado, y ya había recibido varios rechazos de distintas compañías. En ese tiempo, **el internet** apenas daba sus primeros pasos, así que todo era manual.

Durante mi búsqueda, algunas personas me dijeron cosas que se quedaron grabadas. Un día, caminando con alguien muy especial para mí, pasamos frente a un edificio y le dije: "Cómo quisiera trabajar ahí; sé que algún día lo haré". Esa persona me respondió: "Posiblemente sí... cuando todos hablen español".

Esa **frase** me dolió profundamente, porque era lo último que esperaba escuchar. Pero mi fortaleza me levantó, y pensé: *Te equivocas, ahí estaré.* Pasaron los años, y un día me encontré llevando la contabilidad de un cliente en el octavo piso de ese mismo edificio.

A veces hay que escuchar a las personas que **te retan a lograr algo**, porque sus palabras te empujan a vencer el miedo y sacar la garra.

En enero de 1999 conseguí **mi primera contabilidad**. El dueño era latino y la mayoría de los empleados también. Realmente ese trabajo fue traído del cielo, porque ni siquiera sabía cuánto iba a ganar. Era una oportunidad para desarrollar todas mis ideas, ya que estaba completamente a cargo del departamento contable. Pasé de no saber casi nada sobre la contabilidad americana a controlar **un departamento completo** en cuestión de días.

Tenía tantas ganas de hacerlo bien que no me importaba trabajar 40, 50 o 60 horas a la semana. Era mi oportunidad de oro y debía aprovecharla. Fue allí donde conocí a **Adriana**, quien con los años se convertiría en una de mis más grandes mentoras.

Aprendí muchísimo, sobre todo a perder el miedo y a creer más en mí dentro del área contable. Por cuestiones de cambios, la compañía cerró, y tuve que buscar otras alternativas. Así fue como decidí **independizarme** y comenzar a ofrecer servicios contables **por mi cuenta**, viajando por diferentes ciudades e ideando maneras de llegar a nuevos clientes.

Volvió el miedo, y con él la incertidumbre. Tocaba puertas de empresas para ofrecer mis servicios; **a veces recibía un rotundo "no" y otras veces un "tal vez"**. Poco a poco fui avanzando y conseguí mis primeros clientes, a quienes siempre agradeceré por creer en mí en ese tiempo en que estaba llena de miedo.

En 2002 empecé a pensar: *Si yo hago la contabilidad, ¿quién les hará los taxes* (impuestos)*?* Fue entonces cuando decidí obtener mi licencia de *taxes*. Con la mentoría de Adriana y mi fuerza interior, comencé a adentrarme en el mundo de la tributación.

Abrí una **oficina** en **Vernon, California** porque uno de mis clientes me ofreció un espacio. Fue un total fracaso, porque no sabía hacer *taxes* de negocios; solo sabía hacer cosas personales. Además, esa ciudad es un **80 % industrial**, casi no hay casas, y mi cliente comenzó a tener problemas en su empresa, así que tuvo que dejar el edificio. Por lo tanto, yo también tuve que cerrar mi oficina.

Después me fui con otras personas que me ofrecieron un espacio en la ciudad de **Bell Gardens, California**. Empecé de nuevo, pero solo duré una temporada de impuestos, porque también cerraron su negocio. Luego encontré otro lugar, pero tampoco funcionó.

O sea, ya me había instalado en tres lugares durante tres años y aún no podía concretar nada. Hoy entiendo el porqué de tanto movimiento **al empezar un negocio**. Siempre me sentía sola, pero, sobre todo, no sabía ni cómo quería mi oficina. La gente ofrecía ayudarme, y realmente les agradezco, porque quizá lo que más veían en mí era el potencial, pero también lo perdida que estaba.

Sin importar seguir perdiéndome, continué **desde mi casa**. En ocasiones me convertía en una preparadora de impuestos **ambulante**. Compré una laptop y una impresora, y si alguien me llamaba por mis servicios, subía mi equipo al carro y salía corriendo a la casa de la persona. Me instalaba en su comedor, los sentaba frente a mí —si eran pareja— y ahí, delante de ellos, **les preparaba los impuestos**. Luego imprimía, me pagaban y salía corriendo para ir con otro cliente.

Manejar miles de millas durante varios años me permitió no solo conocer cada salida o entrada al *freeway*, sino también aprender que **perderse, en ocasiones, es encontrarse**. En cada minuto que viajaba, aprendía algo nuevo.

Fueron **años** de salir corriendo, de dejar a mis hijos con alguien más para que los cuidara, de comer siempre en el carro, de traerlo lleno de papeles y ropa por si tenía que cambiarme en el transcurso del día, o por si debía ir a otro evento. Tanto manejar, tanto cuidar y tanto hacer... **me perdí.**

Me perdí en medio de un cansancio crónico, en medio de querer criar una familia, de adaptarme a este país, de hacer crecer un negocio, de aprender una idea.

Y tú, querido lector, dirás: "Si ya pasó tanto tiempo, ¿por qué todavía no te adaptas? ¿Por qué todavía no hablas bien inglés?". Porque la adaptación en este país es eterna.

Este es un país de inmigrantes, y **todos los días hay que adaptarse** a un nuevo inmigrante, a un nuevo nombre, a un nuevo ambiente.

Te cuento una historia: estaba haciendo la nómina para una compañía donde trabajaban muchos ingenieros que venían de diferentes partes del mundo. Había nombres que, para escribirlos correctamente, debía ir anotando letra por letra y verificar cada vez que estuvieran bien escritos. Después, debía aprender a pronunciarlos, porque, por respeto a la persona, cuando hablas con ella, debes saber cómo se dice su nombre.

Por eso, **aquí siempre somos inmigrantes.**

Regresando a mi cansancio crónico, fue como si, en lugar de estar creciendo o cumpliendo mis sueños, todo estuviera **yendo hacia atrás.** Sentía que estaba perdiendo a mi familia, especialmente la conexión con mis hijos. Es ahí cuando llega la oscuridad, cuando toqué fondo... o quizá más abajo del fondo.

Me encontré en medio de noches y días sin comer ni dormir, **donde mi ser se desconectó de mi cuerpo**, donde solo veía oscuridad, donde llegué a pensar que, pasara lo que pasara, ya no importaba si era negativo o positivo.

Había acumulado muchos años logrando proyectos, pero el proyecto más grande —mi vida— se me estaba cayendo, ya no lo estaba viviendo. Ahí fue cuando mi cuerpo empezó a colapsar y mi mente no pudo sostenerlo. Cuando las decisiones de un matrimonio no son solo de una persona, sino de una comunidad de dos.

Fue entonces, en medio del dolor de perder la casa, el matrimonio, los fantasmas del cierre y muchas otras cosas, que, en medio del cansancio, el agotamiento, la frustración y, sobre todo, el miedo, decidí **emprender mi camino** sola con mis hijos. Dejé atrás una vida material en la que solo encontraba deudas y burbujas de felicidad sin bases sólidas.

Uno de los mayores conocimientos que he tenido siempre es el de saber escuchar mi cuerpo, y supe en ese momento que algo estaba pasando con él. Ya no solo me hablaba... **me estaba gritando**. Mi salud estaba en peligro. El no dormir, estar peleando constantemente con mi ex, vivir con el hábito de tener la adrenalina al cien, y sentir cómo mi luz interna se estaba apagando.

Fue entonces cuando, por cuestiones médicas, me mandaron a cuidar mi alimentación.

CAPÍTULO 7
Como Si Subieras Una Montaña

En mi vida siempre agradezco cuando logro entender la situación por la que estoy pasando, porque en ese momento sé que el siguiente paso es **pedir la solución**. Y, en este caso, la solución era una buena nutrición. Pero existen dos tipos de nutrición: una es lo que comemos y la otra es lo que **alimenta nuestra mente**, es decir, leer, investigar y llenar nuestro cerebro con conocimiento.

Descubrí que, si queremos cambiar un hábito o dejar algo que nos afecta en la alimentación, lo mejor que podemos hacer es leer sobre eso y entender lo que causa. Porque, aunque la boca quiera ese bocado nocivo para ti, **la mente puede detenerte**. Al hacer conciencia de lo que estás comiendo, aprendes a parar, y dejas de poner cosas innecesarias en tu cuerpo.

Busqué las mejores vitaminas que existían hasta entonces. Investigué sobre ellas, pero también descubrí que venían acompañadas de un sistema de educación, así que me aferré a ese sistema.

Convertí mi carro en una **universidad de crecimiento**. Es decir, los miles de millas que manejaba pensando en el dolor, en lo negativo, en lo que había perdido, en lo que tenía o no tenía, en lo que fue o no fue, las transformé en metas, en reconexión con mis sueños, en mis logros alcanzados y en los que aún estaban por venir.

Empecé a conocerme, a descubrir mi raíz. **Llegaron a mí cientos de libros, audiolibros, seminarios y conferencias. Conocí grandes líderes y comencé a florecer nuevamente.**

Después de mucho tiempo manejando y de tantos intentos, ya con un negocio más estable, en el 2008 por fin tuve una oficina. Paradójicamente, cuando la economía de Estados Unidos cayó, fue **cuando mi negocio generó más crecimiento**. Tenía razón mamá: *Siempre vas a tener trabajo.* Esa creencia me ha acompañado y me ha sostenido durante todo este camino contable.

En medio de los cambios y el crecimiento, algo seguía perdido... y esa era **yo misma**. ¿Dónde estaba? ¿A dónde iba? ¿Qué realmente quería? ¿Quién era yo? ¿Podía resumirse en lo que la gente escribía de mí, en lo que los demás pensaban de mí? ¿En mis miedos, mis frustraciones, mis pérdidas, mis logros, mi familia? Muchas preguntas sin respuesta.

Seguí buscando formas de fortalecerme, como aquel día cuando decidí subir una montaña sola, con medio litro de agua, caminando dieciséis millas en un solo día. Terminé agotada.

Comencé esa caminata a las ocho de la mañana. Sabía poco sobre la montaña; solo que la gente subía ahí. Me levanté un día y me dije: "Hoy voy a la montaña".

Ahí estaba, **frente a ella**, con una temperatura de 80 grados, a finales del verano de 2010. Estacioné mi carro, tomé veinte dólares, mi identificación y mi agua. Empecé a caminar y noté que había mucha gente. Por un momento pensé que sería fácil, porque si había tantas personas, debía serlo.

Pero a medida que avanzaba, la gente iba desapareciendo. El

calor aumentaba, el sudor corría por mi cuerpo, y empecé a limitar el consumo de agua: solo humedecía los labios, porque sabía que, si bebía demasiado, se acabaría pronto.

Mientras caminaba, venían a mi mente recuerdos de personas amadas que ya no estaban conmigo. Lloraba el dolor de su ausencia. **Seguía caminando** y, en cada tramo, me invadía el coraje y la frustración. Corría con fuerza hasta que se me terminaba el aire, y me detenía en la primera sombra que veía.

Continuaba y regresaban las preguntas, los reclamos a la vida: —¿Por qué no me diste? ¿Por qué me quitaste? ¿Por qué no vi? ¿Por qué no sentí? ¿Por qué nadie me avisó? ¿Por qué me sentí así?

Eran reclamos **desde el dolor**. Entre más avanzaba, menos gente quedaba.

Había recorrido ya varias millas cuando dos jóvenes —uno asiático y otro estadounidense— se me acercaron y me preguntaron hacia dónde iba. Les respondí que hasta la cima de la montaña. Uno de ellos me tomó del hombro y me dijo:

—¿Ves aquellos árboles, allá lejos? Ahí está la cima. ¿Estás segura de que vas hasta allá?

Mi respuesta fue: —Sí, hasta allá voy.

Ellos se miraron entre sí y me dijeron: —Pero no traes suficiente agua ni comida.

Ellos, en cambio, llevaban mochilas llenas. Uno de ellos sacó una barra de proteína y me la dio.

Me despedí de ellos y seguí mi camino. Desde ese momento supe que no estaba sola, que tenía compañía. Siempre me mantenía cerca de ellos, y si caminaba mucho y ya no los veía, me detenía a esperarlos. Cuando escuchaba su plática, volvía a caminar.

Así fue como, poco a poco, en la subida de la montaña, después de preguntar, llorar, gritar, patalear y mentar unas cuantas madres, empecé a ver la belleza de la tierra, de los árboles, de las flores. Empecé a ver lo bello en mí, en mi esencia, en mi gente, en cada persona que había rodeado mi vida, y en las enseñanzas que cada uno de ellos me había dejado.

Seguí avanzando **hasta llegar a la cima**. Fue entonces cuando me di cuenta de que **el éxito es como subir una montaña**: muchos comienzan a subir, pero poco a poco se van quedando atrás, y al final **solo llegamos unos cuantos**, quizá tres de los que empezamos desde el principio.

Al llegar a la cima pude ver la ciudad de Los Ángeles en su esplendor. La vi más hermosa que nunca. Ahí, en la cima, había agua, y pude llenar mi pequeña botella otra vez. Pero lo mejor fue que encontré los *sándwiches* más ricos del mundo.

Y como diría mi cuñado: "No eran los más ricos, era el hambre que tenía".

Comí aquella comida deliciosa y me recosté en una banca de madera que estaba junto al restaurante, para sentir la felicidad del cansancio, pero un cansancio bello... **de logros, de sanación**. Ese cansancio que te duerme sin importar dónde estés, porque tu cuerpo descansa de manera plácida.

Después de dormir un rato, puse atención a dónde estaban los muchachos. Decidí que, cuando ellos bajaran la montaña, yo también iniciaría mi regreso. Así fue. Bajé corriendo, sintiendo una sanación profunda en mi alma. Ellos bajaron después, pero siempre estuvieron cerca, sintiendo su compañía.

El descenso fue fácil; ya había dejado mucho en la subida. La montaña había hecho su trabajo en mi sanación.

¿Cómo se crea la magia?

14 de abril de 2017.

¿Cómo creo mi vida? ¿Cómo imagino cada instante de los años que aún me quedan por vivir? Cada noche, cuando cierro los ojos, me sumerjo en mis pensamientos para crear mis emociones, mis ilusiones y mis sueños. Todo empieza con una pregunta sencilla: ¿cómo?

Primero, creyendo en la chispa del milagro continuo. Ese milagro que muchos dejaron como una marca silenciosa y tan pequeña que a veces cuesta verla. Vivimos rodeados de ideas que apagan la magia, ideas que nos hacen creer que debemos saberlo todo. Pero la fe, la constancia y la imaginación siguen siendo puertas abiertas. Creamos nuestra vida a cada instante, aunque no lo notemos.

Segundo, dándonos la oportunidad de actuar. No solo pensar, sino movernos fuera de la zona de confort. Y duele... duele como si pisáramos un callo, como si el miedo se quedara atorado en los pies. Pero cada paso que damos, aunque sea pequeño, nos recuerda que el miedo desaparece cuando avanzamos. Con el tiempo entiendes que dejar atrás la comodidad es solo una señal de crecimiento.

Tercero, buscar ayuda. Siempre. A veces necesitamos una terapeuta que nos escuche y, entre palabras, nos permita encontrar nuestras propias respuestas. Otras veces necesitamos un mentor que nos guíe cuando los pies se cansan y la mente se bloquea. El mentor puede aparecer en cualquier parte: en un libro, en una frase, en una conversación. Solo hay que mantener los ojos abiertos.

Cuarto, amarnos a nosotras mismas. Amarnos como mujeres, como seres humanos y como almas valientes que han sobrevivido batallas profundas. Conocernos, explorar nuestra historia, soltar lo que duele y quedarnos con lo que ilumina. Honrarnos. Si vamos a admirar a alguien, empecemos por admirarnos a nosotras mismas.

Quinto, agradecer. Agradecer la magia, el cuerpo, las historias vividas, incluso las más duras. Agradecer estar vivas aquí y ahora. Agradecer cada paso del camino y tomar de la mano al amor para seguir creando nuestra vida. Porque este es el momento de volar, de gritar que somos libres, libres de crear, libres de ser, simplemente libres.

Te amo, AnaDelia. Eres la mejor.

Corriendo hacia mí misma

A partir de aquella vez que subí a la cima de la montaña, empecé a cumplir algunas metas, como correr **dos medios maratones**, y logré uno de mis sueños más grandes.

En 1986 estaba sentada viendo la televisión en México, siendo adolescente, acompañada de mi mamá. Frente a la TV vi por primera vez en las noticias el *Maratón de Los Ángeles*. Siempre tuve una vida activa, y ese día despertó en mí el maravilloso sueño de **correr un maratón**.

Pasaron varias décadas hasta que pude lograrlo. En **marzo del 2011** corrí por fin ese sueño. Fue un día lluvioso; debíamos estar en el estadio de los Dodgers a las seis de la mañana. Ahí estaba, en medio de la lluvia, comenzando a reconectarme con mi cuerpo.

Había recibido muchos comentarios, unos positivos y otros no tanto, pero como siempre, los negativos los convertí en desafíos y los positivos en motivación.

Cuando hago algo nuevo para mí, siempre hablo con mi cuerpo. Recuerdo estar parada en la línea de salida del maratón hablándole, pidiéndole señales: señales de cuándo debía parar, señales para manejar mi ritmo, y empoderando mis piernas y mi corazón para resistir el esfuerzo que venía.

Subir las calles de Los Ángeles corriendo es una experiencia completamente distinta: otra mirada, otro sentir. Correr por las calles de Beverly Hills, cerca de las famosas tiendas, fue algo espiritual.

Correr es una experiencia del alma. Primero sentí mis piernas avanzar, sosteniendo mi cuerpo; mi mente no formaba parte de la carrera. El entusiasmo de la gente a lo largo del camino me alegraba profundamente.

Lo único que llevaba conmigo era mi teléfono y una bolsa *Ziploc* con diez vitaminas C. Y, como siempre, veinte dólares en el bolsillo.

Todo eso lo llevaba en mi gorra, así que en mis manos no cargaba nada. Sabía que, si necesitaba algo más, lo iba a encontrar en mi camino. Y efectivamente, además de encontrar el apoyo de la gente, encontré también fruta: naranjas y plátanos.

Pero el reto más grande seguía siendo la lluvia, porque mi cuerpo estaba completamente empapado. Corría unas millas y mi ropa comenzaba a secarse, cuando de repente llegaba otro chubasco que me dejaba completamente mojada, con los tenis llenos de agua. Ese día hubo mucha gente con hipotermia.

Al llegar a la milla 16 me di cuenta de que mis pies ya se estaban cansando. Pensé que, si me salía, con esa lluvia y con casi todas las calles cerradas, iba a tardar más en salir de ahí que en terminar el maratón. Fue entonces cuando **mi mente** empezó a trabajar: comencé a conectar con ella, a darle las palabras correctas para que mi cuerpo lograra terminar ese reto.

Pasaron más de seis horas en ese trayecto. Algunas personas me adelantaron, otras veces yo las adelantaba. Sentía que me estaba quedando al final, pero mi mente me repetía: *Sigue, avanza, lucha, corre, respira, ya falta menos.*

Corrí calles y calles dentro de un cansancio en el que sabía que la única opción era terminar. Solo quedaba seguir corriendo sin parar. Recordé parte de mi vida, reviví mis retos, lloré de cansancio, me sequé las lágrimas y seguí, seguí **hasta lograr llegar a la meta**.

En la meta pude ver, a lo lejos, a dos pequeños seres que me gritaban. Con los pies más cansados de toda mi vida y mi postura encorvada, al escuchar sus gritos logré recuperarme, caminar erguida y mantener la mirada al frente.

Mis amores, **mis dos hijos**, estaban al final de la meta **gritando mi nombre**. Al saber que ellos me miraban, saqué las últimas fuerzas desde lo más profundo de mi ser y llegué corriendo, con la sonrisa y la satisfacción más grande frente a ellos.

Someter el cuerpo a un cansancio extremo y usar toda la

fuerza me dejó en un estado de *shock* por varias horas. Después de comer, sufrí calambres en partes del cuerpo donde menos lo esperaba. Bañarme con agua calientita fue necesario para devolverle calor al cuerpo después de tanta lluvia y frío.

Esa noche traté de dormir, pero mi cuerpo seguía despierto.

Vivir esa dosis de cansancio, adrenalina, pero sobre todo de **poder mental**, me hizo darme cuenta del cuerpo maravilloso que tengo y de la mente valiosa que llevo conmigo.

A partir de correr el maratón me di cuenta de muchos miedos y de todo lo que aún me faltaba conocer de mí. Pero no desde lo simple, desde la mirada al espejo, sino desde lo más profundo de mi ser: **de mi raíz, de mi historia, de mis ancestros, de mi pasión, de mi misión.**

MAESTRÍA
DEL DUEÑO CONSCIENTE
TU NEGOCIO, TU RIQUEZA

¿Quieres que tu negocio por fin muestre todo el esfuerzo que tú das?

Regístrate al **curso** (presencial y en línea) donde te acompaño personalmente en un proceso íntimo y estratégico **diseñado para dueños de negocio latinos en USA** que buscan claridad, orden y crecimiento real.

Al terminar, no solo sabrás llevar tus números con claridad, sino que habrás reprogramado tu mentalidad para crecer con propósito, orden y libertad.

Contáctame HOY MISMO
+1 (626) 628-8634

MAESTRÍA
DEL DUEÑO CONSCIENTE
TU NEGOCIO, TU RIQUEZA

En esta mentoría grupal aprenderás a:

- Entender estados financieros como un verdadero líder
- Elegir la mejor estructura legal y fiscal para tu negocio
- Dejar atrás miedos y creencias limitantes con el dinero
- Sanar tu mentalidad con sesiones de hipnosis y coaching
- Tomar decisiones con seguridad y visión a largo plazo

Además, tendrás acceso a:

- Sesiones grupales VIP semanales conmigo
- Respuestas personalizadas en máximo 48 horas
- Una comunidad exclusiva de emprendedores conscientes
- Beneficios especiales en futuros eventos y conferencias

Contáctame HOY MISMO
+1 (626) 628-8634

CAPÍTULO 8
Tranquiliza Tu Vida

Fue en el 2012 cuando empecé a conocerme realmente. Aunque había vivido mi pasado, no había comprendido lo que cada etapa me había dejado. Comencé a pedir **perdón** y a perdonarme, por situaciones pasadas.

Seguía leyendo y escuchando audios, trabajando con mi **subconsciente** en cada detalle. Empecé a observar a la gente a mi alrededor, a decir "no" cuando no quería estar en algún lugar. Pero, sobre todo, empecé a conocerme a mí misma.

Pasaron los meses y, un día, alguien chocó mi carro por la parte de atrás. Me dolía mucho el cuello al moverlo. Estábamos cerca de las fechas navideñas. Ahí estaba tirada; mis hijos habían viajado a México y yo estaba sola. No podía manejar porque el dolor era fuerte, así que opté por **quedarme quieta**, escuchando a mi cuerpo, hablándole, o simplemente mirando el techo y meditando por unos minutos.

Fue ahí, en medio de mi silencio, cuando escuché una frase que surgió de la nada y que resonó profundamente en mí: **Tranquiliza tu vida**.

Esa frase me marcó. A medida que mi salud mejoraba, empecé a hacerme más preguntas sobre su significado. Me senté en la cama y comencé a poner orden. Desarrollé un plan para entender cómo tranquilizar mi vida, cuál era exactamente el sentido de esa frase.

Tiempo después, durante una meditación, por primera vez sentí un **abrazo**. Ese abrazo ha sido el más puro y lleno de amor que he recibido. Fue tan maravilloso que, con los años, sigo sintiéndolo, aunque no pueda describirlo con palabras.

Pasaron varios eventos que me hicieron comprender que estaba avanzando espiritualmente, pero también progresando en mi vida personal. Sin duda, comencé a hacer cambios: entre ellos, a filtrar mis clientes. Dejé a algunos y tomé otros nuevos.

Comencé a observarme en cada momento: a verme desde que me levantaba, cómo dejaba mi cama, qué pensaba al despertar, cómo me veía a mí misma, qué palabras usaba, qué pensamientos llegaban a mí y por qué. Me preguntaba qué había copiado de papá, qué creencias me había dejado mamá, cuáles me servían y cuáles debía guardar en una caja para no repetirlas.

Había que hacer una reestructuración de mí misma, pero no solo en pensamiento, sino también en acción: vivirlo cada día.

Desde el 2012 hasta el 2023 viajé mucho a México, a diferentes retiros espirituales. Estaba convencida de que había algo más en mí que debía gritarme a mí misma, sobre todo en el ámbito del conocimiento.

Fueron experiencias en las cuales me di cuenta de que, entre más me conocía, más me amaba; y entre más me amaba, más poder desarrollaba.

Entre las muchas cosas que he hecho, una de las más profundas ha sido pasar horas, horas y horas trabajando con mi subconsciente.

Puedo decir que cada retiro, cada curso, me ha dejado algo: algo que decido tomar o algo que elijo dejar.

Han sido innumerables las experiencias vividas durante estos últimos años, pero creo que uno de los sueños más grandes que he cumplido —entre muchos— ha sido tener amigos y amigas en todo el mundo. Hoy puedo decir que aún me faltan países por conocer, pero amigos sí tengo en diferentes lugares del planeta.

El poder viajar en estos años, de una manera **consciente**, me ha permitido sentir lo que realmente es un país: no solo por su belleza o su historia, sino por su energía, por el nivel de conciencia que transmite, y también por las sombras y brutalidades humanas que pueden sentirse en ciertos lugares.

Aún me faltan muchos países por conocer. Algunos he decidido no visitarlos todavía, no porque no sean bellos físicamente, sino porque han sido creados sobre una brutalidad humana tan grande que la belleza física se desvanece ante la energía devastadora del ser que los fundó.

Sigo creando, sigo cumpliendo sueños, pero también sigo viviendo dentro del ambiente que hasta hoy he aprendido, que hasta hoy he recordado, y que hasta hoy mi multidimensionalidad me ha regalado.

Decido ser feliz (escrito el 10 de julio de 2016)

Decido ser feliz por la complejidad de mi vida, por el valor de caminar sola y acompañada, por las satisfacciones de juzgar y ser juzgada, por los caminos de tragedias y nostalgias que he vivido.

Decido ser feliz por la complejidad de las personas que ya no están conmigo y por el sabor de disfrutar momentos que no volverán, convertidos ahora en historias que guardo en el alma.

Decido ser feliz por la libertad de expresión que nace en mi corazón y por la esencia profunda que sostiene mi espíritu.

Decido ser feliz por el amor que tengo para dar, por el espacio que existe entre mi mente y mi alma, siempre abierto a la aventura.

Decido ser feliz por los años vividos, llenos de lágrimas derramadas y de sonrisas que aún resuenan en mis oídos.

Decido ser feliz por la reinvención de mi ser, por el camino maravilloso que aún me queda por recorrer, por el amor que todavía me falta entregar y disfrutar.

Decido ser feliz por mí, por mi esencia, por mi espíritu dispuesto y decidido a disfrutar cada paso hacia la felicidad.

El momento de cruzar el puente

Cuando miro hacia atrás y veo cada paso que di, entiendo que nada fue casualidad. Cada empleo, cada mudanza, cada lágrima y cada risa formaban parte de **un mismo propósito**: prepararme para comprender que el trabajo, la energía y la conciencia son una sola cosa. Durante años creí que el éxito dependía del esfuerzo físico, del número de horas que dedicaba o de cuánto podría resistir. Hoy sé, que no era cuestión de resistencia, sino de conciencia.

Este es el punto en el que la historia deja de ser solo mía y empieza a ser también tuya. Porque todos, de alguna manera, caminamos con las mismas preguntas:

¿Para qué hago lo que hago? ¿Qué sentido tiene mi esfuerzo?

¿Dónde quedó la pasión que me hizo comenzar?

Las respuestas no están en los números ni en las estrategias, sino en la energía con la que decidimos **crear**. Cada negocio, cada empresa, cada proyecto, es una extensión de quien lo dirige. Si el alma del líder está cansada, el negocio lo refleja. Si el corazón del emprendedor vibra con propósito, todo florece.

Por eso, estas páginas de, *El espíritu de tu negocio* no solo habla de finanzas, liderazgo o productividad. Habla **del alma detrás del negocio**, de la energía que mueve la economía invisible de la abundancia. Es un recordatorio de que toda creación humana —desde una idea hasta una empresa— nace del mismo lugar: **el corazón**.

A partir de aquí, quiero invitarte a mirar tu negocio como un ser vivo, como una extensión de ti. A reconocer su respiración, su voz, su energía. A entender que el verdadero liderazgo no se impone, se inspira. Que la prosperidad no se busca, se irradia.

Este es el momento de cruzar el puente: dejar atrás la historia personal para entrar al terreno donde la conciencia se convierte en **acción**. Donde el propósito interior se transforma en impacto real.

Los siguientes cinco fundamentos que he descubierto, te mostrarán cómo equilibrar la mente que planea con el alma que crea; cómo unir la estrategia con la energía, la estructura con la emoción, la razón con la fe.

Porque, liderar con conciencia no es un concepto... es **una forma de vida**. Y todo comienza aquí.

Todo gran negocio nace del **alma de su creador**. El primer bloque de *El espíritu de tu negocio* fue un llamado al despertar: reconocer que el emprendimiento auténtico no surge del miedo ni del ego, sino del corazón. Ahora, iniciarás un viaje para limpiar creencias, encontrar tu propósito y prepararte para el cambio. No dejes de leer...

CAPÍTULO 9:

I. TU ESENCIA

Esta primera fase te invita a volver a ti: a limpiar creencias, recordar tu propósito y comprender desde el corazón **por qué** deseas crear un negocio. Porque nada florece desde la confusión; todo nace desde la esencia. Y cuando tu esencia despierta, tu camino se ilumina.

a. Empieza tu negocio desde el corazón

Cuando nace una idea en tu mente, no lo hace por casualidad: proviene de algo o de alguien. Si observamos con atención —y aprendemos de quienes han creado grandes compañías— descubrimos que no todas las empresas contribuyen positivamente al mundo. Algunas han causado daño al planeta, a la salud de las personas e incluso al equilibrio de la humanidad.

Y entonces surgen las preguntas:

- ¿Quién creó esas compañías?

- ¿De quién fue el sueño original?

- ¿Tienen remordimientos?

- ¿Sus conciencias están en paz?

Estas preguntas nos invitan a reflexionar profundamente antes de iniciar un proyecto. Por eso, si estás por comenzar un negocio, te propongo hacerte primero estas tres preguntas esenciales:

1. ¿Para quién será mi servicio o producto?

2. ¿De qué manera ayudará a las personas que lo consuman?

3. ¿Este proyecto beneficia a todos?

Estas tres interrogantes nos hacen despertar. Nos ayudan a discernir si el propósito detrás de nuestra idea está alineado con nuestros valores más profundos. Porque, a veces, los sueños que creemos nuestros en realidad fueron sembrados por otros: por los padres, por el entorno, por el deseo de aprobación o por la presión social.

Por eso, antes de construir un negocio, debemos mirar hacia dentro y preguntarnos **por qué queremos hacerlo y para qué.**

Del pensamiento al corazón

Hace años leí que el camino más largo y difícil que recorre un ser humano es el que va de la mente al corazón... y también el que regresa del corazón a la mente.

Cuando un empresario crea desde el corazón, se libera de cargas innecesarias. Al principio quizá no lo note, pero con el tiempo descubrirá que su empresa se vuelve un reflejo de su propio crecimiento interior.

Entre los frutos más hermosos de **trabajar desde el corazón** están los siguientes:

1. Pasión y propósito

Cuando trabajas desde el corazón, cada acción tiene un sentido más profundo. El propósito te impulsa, te da gozo y te sostiene incluso en los momentos difíciles. Cumplir con tu propósito divino alinea tu negocio con tu misión en este mundo. Tu empresa se convierte en una extensión de las obras que viniste a realizar en este plano terrenal.

2. Conexión genuina con tus clientes

Un negocio auténtico crea relaciones basadas en la confianza y la transparencia. Esto genera lealtad, recomendaciones y vínculos duraderos. Cuando un negocio nace desde el corazón, no busca sólo el éxito personal: busca elevar y ayudar a otros, fortaleciendo el tejido espiritual de la humanidad.

3. Paz interior y equilibrio

Seguir tu intuición y actuar con amor te permite evitar la ansiedad y el estrés de los negocios centrados únicamente en el dinero. Trabajar con conciencia y compasión te ayuda a vivir en armonía con tu propósito y a disfrutar cada paso del camino empresarial.

4. Energía de abundancia

Actuar con honestidad, amor y gratitud atrae abundancia. Porque cuando das y recibes desde un lugar de pureza, generosidad y coherencia, el universo responde multiplicando esas mismas energías. La abundancia es una consecuencia natural del amor puesto en acción.

5. Conexión con la intuición y la guía divina

Cuando tu negocio está alineado con tu espíritu, las decisiones se vuelven más claras y certeras. La inspiración fluye, las ideas llegan con facilidad y los resultados reflejan la luz de tu propósito. La guía divina te mantiene en el camino correcto, asegurando que cada paso esté respaldado por la sabiduría interior.

6. Dejar un legado de amor y transformación

Más allá del éxito material, lo que realmente permanece es la huella que dejas en los demás. Todo lo que haces desde el corazón se convierte en un legado de luz, una energía que inspira y transforma a quienes toca. Cada negocio creado con amor deja una marca positiva en el mundo, recordando que emprender también es un acto de fe, de amor y de propósito.

Reflexión final

Empezar un negocio desde el corazón es mucho más que crear una fuente de ingresos: es sembrar una semilla de bienestar, servicio y evolución personal.

Cuando tus decisiones empresariales nacen del amor, tu negocio no solo prospera... también sana, inspira y eleva.

b. Aplauso y ego

Muchos dueños de negocios hicieron crecer sus compañías en busca de reconocimiento, sin considerar los valores que sostienen la verdadera estructura de la empresa.

A través de la siguiente anécdota vamos a contemplar cómo se ve el aplauso y el ego en la vida de un emprendedor soñador. "Una niña soñaba con tener un negocio de pasteles. Cada tarde, mientras batía harina y azúcar en un tazón, se imaginaba a la gente haciendo fila afuera de su casa, solo para probar sus dulces. Quería escuchar los aplausos, los "¡qué rico!" y ¡tus pasteles son los mejores del mundo! Un día, creció, abrió su pastelería... y efectivamente, la gente aplaudía. Pero pronto se dio cuenta de algo: los aplausos no pagaban la renta, no alimentaban su alma, ni sostenían su paz".

Así pasa con muchos dueños de negocios. Construyen su empresa buscando brillar, buscando ser vistos, buscando que alguien los aplauda. Pero cuando los aplausos se apagan, el vacío llega. Porque lo que sostiene un negocio no son los halagos, sino los valores: la honestidad, la gratitud, la energía con la que haces cada cosa.

El ego te susurra al oído: "Hazlo más grande", "que te vean", "que sepan quién eres". Pero el alma te dice algo diferente: "Hazlo con amor", "hazlo bien", "hazlo para servir". Y cuando eliges el camino del alma, tu negocio empieza a tener raíces más profundas, raíces que no se caen con la primera tormenta.

El ego busca admiración; el alma busca propósito. Y si aprendes a escuchar a tu alma, el éxito vendrá con una paz que no depende de los aplausos.

¿Sabes? Hay un libro hermoso que habla justo de esto, se llama "El monje que vendió su Ferrari" de Robin Sharma. En él, un hombre deja atrás su vida llena de lujos para encontrar lo que realmente importa. Aprendió que la verdadera riqueza no está en lo que los demás ven, sino en lo que tú sientes cuando cierras los ojos y sabes que estás haciendo algo con sentido.

Por eso, cuando pienses en tu negocio, no busques la fama ni el aplauso. Busca servir, crear, amar lo que haces. Porque cuando tu propósito es más grande que tu ego, entonces sí... el universo entero te aplaude, aunque nadie te esté mirando.

c. Creencias de ignorancia o de poder

Por años hemos creído una diversidad de cosas acerca de los negocios, sin detenernos un instante a pensar en los factores que realmente los afectan.

Entre ellos, hay uno especialmente poderoso: **las creencias**. Muchos viven atados a ideas heredadas, sin considerar que existen otras opciones, más ricas y de un sabor más dulce.

Las creencias, por lo general, son herencias —de alguien o de algo—, y cuando comienzas a cuestionarlas, terminas comprendiendo lo bueno y lo malo de creer en determinadas cosas. Algunas están grabadas en el subconsciente, tan profundamente que ni siquiera somos conscientes de ellas; otras son recientes y aún tienen la fuerza de permanecer o desaparecer.

Cuando miras hacia tu interior, descubres las buenas creencias y las no tan buenas. En ese proceso de autodescubrimiento, te invito a **reflexionar** sobre las siguientes, y a decidir si vale la pena mantenerlas en tu vida o si ya es momento de guardarlas en el cajón de los recuerdos.

1. Creer que eres malo para los números

Un negocio son los números. Y no necesitas ser un experto en matemáticas para comprenderlos: basta con tener la disciplina de conocer lo esencial. Debes saber cómo leer un estado financiero, calcular tus porcentajes de impuestos y ganancias, y entender los tipos de tributos que debes pagar y por qué.

Quita de tu mente la creencia de que "los números son solo para personas inteligentes".

Cuando comprendes que conocer la contabilidad de tu negocio es una parte esencial de ti como dueño, empiezas a entender la energía que mueve tu empresa.

Los números son como el pulso vital del negocio: representan su ritmo, su crecimiento y su respiración. Así como sabes, la fecha de nacimiento de tus hijos o de tus aniversarios más importantes, también deberías conocer los números de tu empresa. Vivimos rodeados de cifras: el reloj, el calendario, las medidas, las calorías, los pasos que das al día... Entonces, ¿por qué no conocer los números de tu negocio? Si te cuesta hacerlo, es probable que haya una creencia subconsciente que te limita.

2. Creer que el regateo es bueno

He viajado por varios países donde el regateo es casi un arte. Algunos comerciantes elevan sus precios para tener un margen de negociación, y los compradores sienten que ganan una "batalla" cuando logran bajar el precio. Pero, ¿alguna vez has pensado en la energía que se mueve en ese intercambio?

Hay dos perspectivas aquí:

- El comerciante que infla el precio para poder "negociar".

- El comprador siente haber triunfado al obtener algo más económico.

Sin embargo, cuando un cliente paga el precio marcado y luego descubre que otro lo consiguió más barato, se siente estafado. Esa sensación genera resentimiento y rompe el vínculo con el negocio. Por otro lado, están los artesanos, personas que crean con sus manos verdaderas obras de arte.

Muchos de ellos pasan meses elaborando una pieza, y cuando alguien intenta regatear su precio, están depreciando no solo el producto, sino el alma del creador.

En Turquía, visitamos un taller de tejedoras de tapetes. Al entrar, vimos a una mujer trabajando con paciencia y dedicación; al fondo, otras dos tejían obras de una belleza indescriptible. Nos ofrecieron té y galletas mientras nos mostraban sus creaciones. Comprendimos en ese momento el valor real de ese arte: cada hilo era una historia, cada color, una emoción. Nadie se atrevió a pisar aquellos tapetes, porque entendimos que estábamos ante obras sagradas, llenas de la energía de quienes las crearon. Cuando regateas o permites que te regateen, generas una inconsistencia energética: una de las dos partes queda vacía, en carencia. Regatear no es crear; crear es avanzar. Y avanzar, tanto como dueño o como cliente, es una manifestación de abundancia.

3. Cuando el sueño se convierte en pesadilla

Como mencioné antes, la idea de un negocio nace de un sueño.

Surge de una inspiración, de una herencia o incluso de una imitación.

Queremos ver crecer nuestra empresa, alcanzar libertad financiera, viajar con nuestra familia o simplemente tener estabilidad. Pero todo sueño tiene su ciclo, y llega el momento en que debemos saber cuándo cerrar. A muchas personas les cuesta soltar, y ese apego las arrastra al desgaste emocional y económico.

Algunos negocios prosperan durante años, pero el entorno cambia: la ciudad crece, los clientes se mudan o la competencia digital gana terreno. Otros negocios nacen mal posicionados, sin estudio de mercado ni proyección de gastos. Y hay quienes heredan empresas estables, pero cometen errores al introducir cambios sin experiencia.

En todos los casos, el problema raíz es el mismo: falta de educación. Cuando un negocio ya dio todo lo que tenía que dar, hay que aceptarlo. He visto dueños endeudarse con su familia, hipotecar su casa y gastar sus ahorros intentando resucitar una empresa que ya terminó su ciclo. Eso no solo desgasta el bolsillo, sino también el alma. La energía del negocio se agota, y el dueño termina hundiéndose con él.

En otros casos, el obstáculo es la terquedad: insistir cuando el entorno ya no favorece. A veces, rendirse no es fracasar; es tener la sabiduría de soltar para avanzar.

También están los hijos que heredan un negocio y lo modifican sin respetar la experiencia de sus padres. He visto empresas sólidas derrumbarse porque los nuevos líderes no supieron escuchar.

Por eso repito: edúcate. No hablo solo de educación formal, sino de educación humana: aprender a escuchar, a observar, a sentir. La educación financiera y contable son esenciales, pero sin educación emocional, las decisiones se vuelven impulsivas.

Pregúntate:

- ¿Cuándo es el momento de cerrar un negocio?

- ¿Cuándo dejar de invertir en algo que ya no fluye?

- ¿Por qué insistes en encender fuego en un lugar húmedo?

Las respuestas llegarán cuando te eduques a ti mismo.

Un proyecto puede ofrecerte dinero, paz, alegría o propósito. Si tu negocio ya no te da eso, analiza si es momento de seguir o parar. Y si decides cerrar, hazlo con honor. Cierra con gratitud, reconociendo que cada experiencia fue una maestra. Tu creatividad te abrirá nuevas puertas.

Heredar un negocio también implica heredar personas: empleados, clientes, relaciones. No subestimes ese legado. Honra a quienes construyeron antes que tú, baja el ego y valora su camino. Recuerda: la unión entre experiencia, creatividad y corazón produce magia.

Conclusión:

Las creencias son semillas: algunas limitan, otras expanden. Hay que cuestionarlas, alimentarlas y elegir cuáles te acompañarán en tu crecimiento. Porque al final, creer es crear, y cuando creas desde el corazón, cada pensamiento se convierte en poder.

d. El principio del cambio

Hay una frase popular que dice: "Todo lo que sube, baja". Pero tengo noticias: esta frase no marca el final, sino el principio del cambio. Y en los negocios —como en la vida misma— este principio también aplica.

Cada empresa, como mencioné antes, nace de un sueño, de una idea.

Esa idea se transforma en un producto o servicio que satisface una necesidad, ya sea básica o emocional. En ese proceso, todo negocio atraviesa ciclos de evolución y transformación. Por eso, debemos estar muy atentos, porque en el camino solo hay dos direcciones posibles: caer o subir más alto.

A continuación, te explico los momentos clave en los que suelen presentarse los cambios más importantes, esos que a veces hacen temblar a los dueños de negocios... y, en otras ocasiones, los impulsan hacia su mayor crecimiento.

1. Cuando ocurre un evento inesperado

Los imprevistos son **inevitables**: una crisis económica, una pandemia, una pérdida o un cambio en el mercado. En esos momentos, debemos estar preparados emocionalmente para actuar con rapidez y equilibrio. Las decisiones tomadas desde el miedo suelen traer más pérdidas que las tomadas desde la calma y la fe.

2. Cuando decides crecer

Dar el salto de un negocio pequeño a uno mediano, o de mediano a grande, es un reto enorme. Significa dejar de estar todo el día en la oficina para convertirte en un verdadero líder. Y aquí surge el miedo al cambio.

En mi camino como contadora, he visto a muchos empresarios detenerse justo cuando están a punto de dar ese salto, paralizados por el temor a perder el control.

Pero el crecimiento exige valentía: no puedes construir algo más grande si no te atreves a soltar lo pequeño.

3. Cuando el cambio es constante

Vivimos en una era de transformación continua. El producto que ayer vendiste con éxito puede volverse obsoleto mañana. El servicio que funcionaba hace un mes puede ya no tener demanda hoy. Tu compañía podría ver reducidas sus ganancias si no se adapta.

Por eso, crear continuamente es una necesidad vital. Innovar, observar el entorno y escuchar al cliente son las herramientas que mantienen vivo a un negocio.

Un ejemplo claro: la pandemia

Cuando atravesamos el proceso de la pandemia, muchos de nuestros clientes estaban paralizados por el miedo: miedo a la incertidumbre, al futuro, al mañana. Pero hubo otros que se levantaron y se preguntaron: ¿Qué puedo hacer diferente hoy?

Ellos activaron su creatividad, adaptaron sus productos, reinventaron sus servicios y encontraron nuevas formas de servir. Mientras unos se enfocan en el problema, ellos buscaban la necesidad del momento... y ahí encontraron la oportunidad.

El negocio como caldero de vida.

Un negocio es un organismo vivo.

Cada día necesita movimiento, fuego y atención.

Imagina tu empresa como un caldero: debes removerlo a diario para mantenerlo activo.

El día que dejas de moverlo, ese día comienza su declive. Porque cuando ya no le agregas leña —ideas, entusiasmo, propósito—, el fuego se apaga.

No temas al cambio: vívelo como un proceso natural. Cuando entiendes que los ciclos son parte de la vida, dejas de luchar contra ellos y comienzas a fluir. Permite que tu negocio crezca, respire y se transforme. Recuerda: todo negocio, como todo ser vivo, tiene un ciclo. Tu tarea es reconocer en qué etapa está, nutrirlo cuando lo necesite y soltarlo cuando haya cumplido su propósito.

Reflexión final

El cambio no destruye: **renueva**. Lo que sube puede bajar, sí, pero solo para tomar impulso y elevarse de nuevo.

Tu negocio no muere cuando cambia; muere cuando tú te niegas a evolucionar con él.

Aprende a leer los signos de su transformación, y verás que cada cierre, cada giro, cada desafío... es, en realidad, el principio de una nueva oportunidad.

CAPÍTULO 10
II. TU VIBRACIÓN

Aprende a reconocer, cuidar y elevar la energía que te sostiene: la tuya, la de tu negocio, la de tu gente y la del espacio que habitas. Porque todo vibra, todo habla y todo influye. Y cuando tu vibración se limpia, se ordena y se expande, tu empresa también lo hace... como si el universo entero respondiera a tu luz.

a. Nivel energético

A medida que he viajado, he descubierto cómo cada país, cada ciudad, cada habitación, cada ser humano y cada ser viviente poseen su propia energía.

Hay lugares cargados de prosperidad, y otros donde predomina una vibración más densa, lo que muchos llaman *energía de pobreza*. Observar la energía de cada persona, objeto o situación me ha permitido comprender algunos puntos esenciales que todo negocio —sea nuevo o establecido— debe considerar.

1. La energía del lugar

Antes de establecer un negocio, analiza dónde te encuentras. Puede que estés en una ciudad o en una calle donde la energía general sea negativa. No me refiero al ruido ni al tránsito, sino a la sensación que tu cuerpo experimenta en ese espacio. Pregúntate: ¿qué sientes cuando entras a tu negocio? ¿Te inspira, te pesa, te agota o te llena de entusiasmo?

A veces heredamos lugares cargados de dolor o, por el contrario, de alegría. Está en ti descubrir de qué energía se alimenta el espacio donde estás construyendo tu sueño.

¿Por qué es importante? Porque cuando un cliente entra, siente lo que tú y el lugar emanan.

No importa si tu negocio está en un entorno pesado: ¡puedes transformarlo!

Cada empresa tiene un propósito. Aprende a reconocer el tuyo y realiza cambios desde el pensamiento, la emoción y la acción. Tu energía es la semilla de tu éxito.

2. La energía del dueño

Así como los lugares tienen su energía, también la tiene el ser humano.

Comencemos contigo, el dueño del negocio.

¿Qué energía llevas cada mañana a tu empresa? ¿Con qué pensamientos y actitudes tratas a tus empleados?

Ser dueño es ser líder, y el tipo de líder que eres define la vibración de tu equipo.

La energía del dueño es la que atrae o repele a los clientes.

Si quieres clientes felices, sé feliz. Si deseas clientes prósperos, cultiva prosperidad en ti. Tu negocio refleja lo que tú eres: es un espejo energético de tu interior.

3. La energía de los empleados

Aunque hablo de ellos con más detalle en otro capítulo, aquí quiero recordarte algo importante: un empleado puede llevar tu negocio al éxito... o hundirlo.

Práctica la frase "dime con quién andas y te diré quién eres", pero úsala para elevar, no para juzgar.

Cuando veas a un empleado desmotivado, no lo humilles ni lo castigues. Cuídalo. Acércate a los mejores de tu equipo. Ponlo junto a quienes vibran alto, a los que contagian entusiasmo y optimismo. Aprovecha la energía de tus líderes naturales para inspirar a los demás.

Cada empleado tiene su propio nivel energético. Quien tiene baja autoestima vibra en una frecuencia baja, pero con guía, apoyo y ejemplo puede elevarse. Haz que tu empresa sea un espacio de crecimiento humano, no de miedo.

4. La energía del producto o servicio

Pregúntate:

¿Desde qué nivel energético nació mi producto o servicio?

¿Con qué propósito fue creado?

Tu producto es el corazón de tu negocio, la expresión tangible de tu energía.

Debes amarlo, respetarlo y sentir orgullo por él.

Cuando creas desde el corazón, tu producto vibra con autenticidad. Y cuando sientes ese valor interno, nadie podrá regatear, porque tu cliente verá en tus ojos el brillo del que sabe lo que ofrece.

El regateo aparece cuando el valor energético no está claro. Si bajas el precio de algo sagrado, no solo pierdes dinero: bajas tu frecuencia. El que regatea puede sentir un triunfo momentáneo, pero su alma sabe que abusó de alguien. Y tú, al aceptar, te colocas en el papel de víctima. Por eso, defiende con amor lo que haces. Cuando ofreces tu servicio desde el entusiasmo, transmites respeto, abundancia y gratitud.

Reflexión final

Tú eres la parte viva de tu negocio. Eres su respiración, su pulso, su energía. Tu nivel energético es como la sangre que corre por sus venas. Si vibras alto, tu empresa florece; si te apagas, ella se apaga contigo.

Recuerda:

El éxito no empieza en el mercado, empieza **en tu interior**. La prosperidad es una energía que primero se siente... y luego se manifiesta.

b. Energía masculina — energía femenina

Como es sabido, todos tenemos dentro de nosotros ambas energías, la masculina y la femenina. Aprender a reconocerlas, equilibrarlas y trabajar con ellas es uno de los actos más poderosos que podemos realizar en nuestra vida personal y profesional.

En el mundo de los negocios, este equilibrio puede convertirse en una de las inversiones más valiosas que un empresario puede hacer: la de su propio balance interior.

El caso de Magui

Permíteme contarte la historia de Magui, una mujer empresaria con más de quince años de experiencia. Ella heredó el negocio de su esposo —una franquicia de ropa deportiva— y, de pronto, se vio en la necesidad de asumir el mando mientras cuidaba a sus dos hijos pequeños.

Magui se convirtió en la única mujer latina dentro de un grupo de dueños hombres, en un entorno competitivo y, en ocasiones, agresivo. Con el tiempo, expandió el negocio de dos tiendas a más de diez. Su historia es admirable: representa fuerza, disciplina y visión.

Pero detrás de ese éxito hay una enseñanza profunda. Al observar de cerca —su forma de hablar, su manera de liderar, su relación con sus hijos— comprendí algo importante: Magui tuvo que desarrollar una fuerte energía masculina para sobrevivir.

Se construyó una coraza, un traje de hierro que le permitió abrirse paso en un mundo de hombres. Y como Magui, hay muchas más: mujeres y hombres que, por necesidad o dolor, han usado únicamente la energía masculina para levantarse, defenderse y conquistar.

Y está bien —hasta cierto punto—, porque la energía masculina es el impulso, la acción, el motor del arranque. Pero si olvidamos equilibrar la energía femenina, el costo emocional puede ser alto.

El riesgo del desequilibrio

Magui creó todo desde la energía masculina: la del control, la acción, la exigencia. Siempre está alerta, en guardia, anticipando el siguiente movimiento. Vive en constante defensa, y eso genera estrés y agotamiento.

El problema surge cuando esa energía se traslada al hogar. Sus hijos no quieren ver a la empresaria dando órdenes; quieren ver a la madre amorosa, tierna, presente. Pero esa parte de ella, su energía femenina, se quedó dormida.

Y esto no le ocurre solo a las mujeres: muchos hombres también han desconectado su energía femenina —la empatía, la ternura, la intuición— en su lucha diaria por conquistar el éxito.

En el afán de triunfar, hemos cambiado el calor humano por la prisa, las caricias por contratos y los abrazos por resultados. No está mal querer crecer; lo importante es no olvidar desde dónde lo hacemos.

El equilibrio entre ambas energías no es una debilidad, sino una fortaleza. Cuando aprendemos a reconocer qué energía usar en cada situación, vivimos con más armonía, claridad y propósito.

Beneficios de la energía masculina

La energía masculina se caracteriza por la acción, la estructura y la determinación. Entre sus mayores virtudes se encuentran:

- Toma de decisiones rápidas y efectivas, que permiten aprovechar las oportunidades con agilidad.

- Enfoque en resultados, ayudando a establecer metas claras y mantener la disciplina para alcanzarlas.

- Liderazgo asertivo, basado en la confianza y la dirección consciente de los equipos.

- Resiliencia, para enfrentar los desafíos con coraje y fortaleza.

- Planeación estratégica, que facilita el orden, la eficiencia y el crecimiento sostenido.

Beneficios de la energía femenina

La energía femenina está asociada con la intuición, la creatividad y la conexión emocional. Sus dones más poderosos son:

- Conexión auténtica con clientes y empleados, fomentando la empatía y relaciones humanas duraderas.

- Creatividad y sensibilidad, que impulsan la innovación y la renovación constante del negocio.

- Adaptabilidad y fluidez, permitiendo que la empresa se transforme cuando los tiempos lo exigen.

- Atracción de oportunidades, gracias a la intuición, que guía las decisiones alineadas con la visión y el corazón del proyecto.

- Cuando ambas energías trabajan en equilibrio, el negocio no solo prospera: florece con propósito.

El equilibrio dentro del negocio

En toda empresa, siempre hay una mezcla de estas dos energías. A veces, el dueño representa la fuerza masculina —la dirección, el empuje, la estructura—, mientras que otra persona, quizá en silencio, sostiene el lado femenino: la comprensión, la dulzura, la energía que armoniza el ambiente.

Puede ser una recepcionista, un gerente o un empleado de base; no importa el cargo. Esa energía femenina invisible es la que mantiene el equilibrio emocional dentro de la compañía.

Por eso, si notas que tu negocio está demasiado tenso, rígido o frío, es momento de incluir más energía femenina. Y si percibes que hay demasiada dispersión o falta de estructura, activa tu energía masculina para avanzar con orden.

Reflexión final

Los hijos no necesitan dos padres o dos madres: necesitan equilibrio. Tus clientes no siempre buscan poder; a veces, solo quieren comprensión. Y tú, como líder, necesitas reconocer cuándo reír, cuándo ceder, cuándo decidir y cuándo simplemente sentir.

Para crear, necesitas la semilla de la acción (energía masculina) y la fuerza del amor que la nutre (energía femenina).

Si vives con exceso de energía masculina, permítete descansar en tu parte femenina. Si vives desde la energía femenina, fortalece tu parte masculina para materializar tus ideas.

El balance entre ambas es la clave de tu éxito, tu bienestar y tu felicidad. Crea, manifiesta y vive, no desde la coraza de la protección, sino desde la armonía de la libertad, el amor y la plenitud.

Recuerda:

Cuando vuelves a casa, tus hijos no necesitan ver al jefe o a la jefa, sino al ser humano. El negocio necesita tu liderazgo, pero tu familia necesita tu corazón.

c. Energía mágica — los empleados

No importa qué tan pequeño o grande sea tu negocio: siempre existe una energía mágica, y esa energía es la de los empleados. Ellos son las personas que pueden ayudarte a construir o destruir tu empresa. Quizás la palabra "destruir" suene dura, pero, aunque muchos no lo digan abiertamente, un empleado infeliz puede acabar con un negocio más rápido que una crisis económica.

Sin embargo, también ocurre lo contrario: un empleado feliz puede edificar el más grande de los imperios, con el arte de su magia, compromiso y amor.

En mi experiencia como **contadora**, he observado negocios exitosos, con excelentes productos, que terminan cayendo porque la energía de sus empleados se torna oscura. He presenciado empresas florecer por la dedicación de su gente y otras apagarse por la falta de valoración humana.

Permíteme compartirte lo que he aprendido sobre esta energía mágica que vive dentro de todo equipo.

1. La carga de trabajo

Existen muchos buenos empleados en el mercado, pero los verdaderamente comprometidos, responsables, alegres y entusiastas son joyas difíciles de encontrar. Por eso, cuando los tengas, cuídalos y valóralos.

Un empleado feliz vale oro. Eso significa que se siente satisfecho, útil y reconocido, lo que se traduce en un servicio excepcional.

Sin embargo, uno de los errores más comunes de los empresarios es cargar de trabajo al mejor empleado. El dueño encuentra a esa persona perfecta y comienza a delegar cada vez más tareas:

"Tú puedes, te daré más". Y el empleado, deseando cumplir, dice: "Sí, yo puedo con todo".

Así comienza un desequilibrio silencioso. El exceso de carga destruye la motivación, apaga la sonrisa y enferma el alma.

Cuando un empleado trabaja sin descanso, pierde su luz. Y cuando se agota, ya no rinde igual, no porque no quiera, sino porque su energía se ha consumido.

Evita llegar a ese punto. Define con claridad las funciones de cada área y reparte responsabilidades. Si tienes un "empleado diamante", dale asistentes, apoyo y descanso. Los diamantes brillan cuando los cuidas, no cuando los desgastas.

2. Los salarios justos

Todo trabajo tiene su valor. Y en un negocio consciente, el salario no solo paga el tiempo: reconoce la energía y el esfuerzo humano.

No hay energía más pesada en una empresa que la de un empleado mal pagado. La mano de obra barata siempre termina saliendo cara.

Un empleado que no recibe su compensación justa se levanta cada mañana con frustración, cansancio y desánimo. Siente que su esfuerzo no vale, que lo que hace no es reconocido, y poco a poco su brillo se apaga.

El trabajador de hoy no es ignorante. Sabe lo que aporta y percibe cuándo su energía está siendo explotada. Un empleado mal pagado deja de ser un diamante para convertirse, con el tiempo, en una piedra opaca que refleja el descuido de su líder. Recuerda: energéticamente, no hay peor inversión que retener a alguien infeliz.

3. Compartir la abundancia

Las compañías crecen, prosperan y generan más ingresos cada día. Y es hermoso ver ese progreso. Pero muchos empresarios olvidan algo esencial: compartir esa abundancia.

Cuando compras una nueva casa, un auto de lujo o cuando disfrutas unas vacaciones maravillosas, detente un momento y mira los rostros de tus empleados. ¿Reflejan ellos también esa prosperidad? ¿Se sienten parte de tu éxito?

Paga siempre lo que corresponde: horas extras, fines de semana, llamadas fuera de horario. No dejes deudas emocionales ni energéticas. Cuando tus empleados sienten que son tratados con justicia, su energía vibra en gratitud.

Y el agradecimiento colectivo es una de las bendiciones más poderosas para tu negocio.

4. El miedo

El miedo y la vergüenza son de las vibraciones más bajas, y no solo afecta a los empleados: también alcanza a los empresarios. El miedo paraliza, distorsiona y destruye.

He conocido dueños de negocios capaces de leer el miedo en sus empleados. Literalmente, los escanean con la mirada. Saben qué botones presionar, hasta dónde llevarlos y cómo manipularlos. Y esa es una de las formas más tóxicas de ejercer liderazgo.

El miedo despierta el abuso, y el abuso mata la confianza. Cuando un empleado tiene miedo, pierde poder. Y cuando pierde poder, se vuelve presa fácil del control.

Valorarte a ti mismo es tu mayor protección.

Reconoce tu conocimiento, confía en tu experiencia y no permitas que el miedo determine tu valor. Un empleado valiente es un empleado libre, y su energía vibra en expansión.

Reflexión final

Construye en tu compañía una comunidad donde cada persona pueda iluminar y crecer, trabajando en armonía, paz y agradecimiento. Haz que tus empleados sientan que no solo trabajan para ti, sino contigo.

Recuerda siempre:

La verdadera magia de un negocio no está en sus productos ni en sus ganancias, sino en la energía de las personas que lo hacen posible cada día.

CAPÍTULO 11

III. TU PRESENCIA

Tu esencia y tu vibración ahora necesitan tomar forma en el mundo a través de tu liderazgo, tu ética y la manera en que te relacionas con los demás. Porque tu presencia —lo que eres, lo que emanas y lo que sostienes— es la fuerza que guía, inspira y da dirección a todo lo que construyes.

a. ¡El Patrón o la Patrona!

Estos pronombres son realmente poderosos en todos los niveles, especialmente en el histórico. A menudo escucho a algunos empleados referirse así a los dueños de las compañías. Decidí nombrar este capítulo de esta manera porque, a través de él, quiero invitarte a sentir el poder de estas palabras y, al mismo tiempo, cambiar su nivel energético, rindiéndote un nuevo honor.

Las palabras tienen una fuerza inmensa: cada una vibra con su propia energía. Algunas, incluso expresadas con dulzura, nos pueden sonar desagradables por las memorias que llevan guardadas.

Personalmente, estas dos —"Patrón" y "Patrona"— me resonaban pesadas, tal vez por recuerdos antiguos que habitaban en mí. Pero este es el momento del cambio, y me emociona poder transformar la vibración de estas palabras en una frecuencia luminosa.

A medida que avances en estas páginas, sentirás cómo se elevan, cómo se convierten en símbolos de liderazgo consciente y de sabiduría.

Quizás a ti te gusten, o tal vez no. Quizás seas de quienes las usan, o de quienes prefieren evitarlas. Pero si estás aquí, es porque estás dispuesto a caminar conmigo hacia un cambio profundo.

Si eres patrón o patrona, te invito a serlo por completo —no a medias—, cumpliendo los principios de un buen empresario y, al mismo tiempo, los valores de un ser humano íntegro y compasivo.

A continuación, te comparto algunos aspectos esenciales para convertirte en un verdadero líder energético:

1. Sé las venas de tu negocio

Tú eres quien transporta la sangre vital de tu empresa. Cada día, lleva sangre limpia y renovada al imperio que estás construyendo. Tu energía es el flujo que nutre, sostiene y da vida a todo lo que has creado.

2. Cuida tu cuerpo, el templo del empresario

Cada parte de tu cuerpo representa una dimensión de tu negocio:

- Tu mente crea nuevos productos e ideas.

- Tu corazón palpita a través de tus empleados y clientes.

- Tu estómago procesa cada cambio o desafío.

- Tu hígado recibe y transforma las malas intenciones o energías densas.

- Tus pulmones respiran la prosperidad y expansión.

- Tus piernas te conducen por los caminos del crecimiento.

- Tus brazos son la fuerza con la que lanzas nuevos proyectos.

- Tus ojos ven la luz de cada comienzo.

Cada parte de ti está directamente conectada con el empresario que eres hoy. Tú y tu negocio son uno solo.

3. Cuida tu espiritualidad

La espiritualidad es la raíz invisible de tu equilibrio. En ella encuentras la fe que te permite superar los fracasos y disfrutar, con gratitud, los momentos de prosperidad. La conexión con lo divino —sea cual sea tu fe— te centra, te guía y te recuerda que el propósito va más allá del dinero.

4. Protege tu círculo de vida

Extiende tus brazos y forma un círculo imaginario alrededor de ti. Ese es tu círculo de vida. Dentro de él habitan las personas, los pensamientos y las emociones que te acompañan en tu camino. Cuida lo que entra y sale de ese espacio sagrado. Rodéate de belleza, de armonía, de amor y de paz.

Transformación final

Cuando cuidas todos estos aspectos —cuerpo, espíritu, energía y entorno—, te conviertes en un patrón o patrona de luz, y las palabras comienzan a sonar distintas: suaves, llenas de brillo, cargadas de magia.

Así, estos términos dejan de ser símbolos de poder impuesto para convertirse en símbolos de sabiduría, servicio y éxito consciente. Un patrón o una patrona, en este nuevo significado, es alguien que guía con empatía, inspira con ejemplo y construye con amor.

b. La importancia de combinar sabiduría con energía

Uno de los errores más grandes que hemos cometido como sociedad es creer que lo viejo ya no sirve. Esa creencia nos ha vuelto esclavos del ego y nos ha llevado a rechazar el valor de la experiencia, generando una separación dolorosa entre generaciones.

Los jóvenes desestiman la sabiduría de los mayores, y muchos adultos desconfían de la energía y las ideas frescas de los más jóvenes. Esa desconexión crea divisiones no solo en la vida familiar y social, sino también en el ámbito empresarial, donde el equilibrio entre sabiduría y energía es vital para la prosperidad.

La brecha generacional en los negocios

En las empresas familiares, esta división suele manifestarse de forma profunda. Cuando no se logra integrar la visión de los fundadores con la energía creativa de las nuevas generaciones, las consecuencias pueden ser devastadoras.

He visto compañías derrumbarse por falta de comunicación entre padres e hijos. Y también he visto empresas florecer cuando ambas fuerzas —la sabiduría y la juventud— aprenden a honrarse y complementarse.

A continuación, te compartiré tres casos reales que ilustran claramente la diferencia entre desconexión, abuso y equilibrio.

Caso 1: El negocio que se apagó

Un padre y sus dos hijos decidieron abrir una tienda de ropa. En solo dos años habían recuperado su inversión. El padre aportaba la disciplina, el servicio al cliente y la experiencia del trabajo constante; los hijos, la energía, la tecnología y las ideas nuevas.

El equilibrio parecía perfecto... hasta que comenzaron los errores. El padre no valoró suficientemente el esfuerzo de sus hijos. Ellos trabajaban largas jornadas sin recibir una compensación justa, convencidos de que su tiempo era una inversión. Con el paso de los meses, la frustración creció hasta que ambos se marcharon.

El negocio, que había nacido de la unión familiar, quedó vacío, sin alma ni entusiasmo. Lo que comenzó como un sueño terminó como una lección: sin reconocimiento, no hay energía que perdure.

Caso 2: El legado sin honra

También he conocido empresas heredadas por generaciones. Una de ellas, construida con esfuerzo por un padre durante décadas, pasó a manos de sus hijas, graduadas de prestigiosas universidades.

Durante un tiempo, la transición fue armoniosa. Sin embargo, cuando ellas tomaron el control total, comenzaron a restringir al padre incluso sus decisiones personales y sus viajes.

Olvidaron que su éxito existía gracias a la mente y al espíritu de aquel hombre. Le cerraron el paso con frialdad, sin compasión ni gratitud. Esa falta de honra lo llevó a una profunda tristeza, y finalmente, a partir.

El negocio sigue operando, pero cada año se divide más. Los ex esposos reclaman acciones, las alianzas se fragmentan y el espíritu original se diluye. Cuando una empresa pierde la honra hacia su origen, su prosperidad se vuelve rancia, sin alma.

Caso 3: La unión que multiplica

Por fortuna, también existen historias luminosas. Una familia donde el padre y la madre iniciaron el negocio años atrás, hoy lo ven crecer de la mano de sus hijos. Aquí, el padre siempre paga a sus hijos por su trabajo, y ellos honran su experiencia y creatividad.

El respeto mutuo ha fortalecido la empresa. Todos participan, se valoran y comparten la visión de futuro. Esa unión intergeneracional es lo que mantiene viva la prosperidad. Una compañía fundada sobre valores familiares, respeto y gratitud tiene cimientos que perduran por generaciones.

Sabiduría y energía: la combinación perfecta

Cuando la sabiduría y la energía se unen, nace una fuerza imparable. La sabiduría aporta la estrategia, la paciencia y la experiencia. La energía joven aporta la creatividad, la innovación y el impulso.

Juntas, crean una sinfonía de equilibrio:

- El conocimiento guía la acción.

- La acción refresca el conocimiento.
- El respeto entre generaciones multiplica la abundancia.

Los negocios tienen espíritu, y ese espíritu siente cómo lo tratas. Si lo pisas con ego o con ingratitud, se apaga. Pero si lo honras con respeto, humildad y amor, ese espíritu florece y te retribuye en prosperidad.

Reflexión final

Combinar sabiduría con energía no solo es una estrategia empresarial: Es un acto de amor, de reconocimiento y de expansión.

Crea cada sueño desde la conciencia, no desde el miedo. Disfruta el proceso de dar y recibir. Porque dar fortalece el alma, y recibir llena el corazón de gratitud.

Cuando aprendes a equilibrar estas dos fuerzas, descubres que la prosperidad no se mide en cifras, sino en la armonía entre generaciones y el valor de honrar el legado.

c. Los acuerdos energéticos son siempre mejores que los escritos

Tal vez esta frase te suene fuerte o incluso poco creíble:

"Los acuerdos energéticos son más poderosos que los escritos".

Durante siglos hemos creído que un contrato firmado es la máxima garantía de un acuerdo justo. La ley del hombre nos ha enseñado que lo que está escrito tiene valor legal, y por lo tanto, poder. Pero... ¿Qué pasa con la ley universal? ¿Con la energía invisible que rige la verdad, la intención y el propósito?

En muchos casos, los contratos escritos pueden ser perfectos desde la perspectiva legal, pero violar profundamente las leyes del equilibrio universal. Algunos benefician a ambas partes; otros, solo a una. Y hay quienes los firman bajo presión, miedo o manipulación, comprometiendo no solo su libertad, sino también su paz interior.

El valor invisible de la energía

He visto muchos ejemplos de esto en mi camino profesional. Especialmente en negocios familiares, donde el amor, la confianza y la palabra se entrelazan con la responsabilidad y el dinero.

Hay empresas que nacen gracias a la fuerza colectiva de toda una familia: la idea del padre, el consejo de la madre, el esfuerzo de los hijos y hasta la inspiración de un primo lejano que trajo la chispa original. En esos casos, el agradecimiento es una de las energías más puras y poderosas para sostener el crecimiento.

Pero cuando ese agradecimiento se pierde, la energía que sostenía la empresa se fractura.

Caso 1: La promesa que nunca se cumplió

Hace algunos años trabajé con una compañía en la que el dueño había alcanzado un alto nivel económico. Creía haberlo logrado todo. Hasta que un día recibió una demanda... de su propia hermana.

Ella alegaba que durante más de veinte años había trabajado con él, ayudándole a construir el negocio, con la promesa verbal de que un día recibiría una parte de la empresa. Él, en cambio, afirmaba que eso nunca fue acordado formalmente y que ya le había pagado su salario como empleada.

El proceso legal fue largo y doloroso. Mientras los abogados ganaban dinero, la familia se desmoronaba. La empresa, que alguna vez floreció, terminó cerrando.

¿Quién tenía razón? Quizás ninguno. Lo cierto es que existió un acuerdo energético no honrado: una promesa, un lazo invisible que, al romperse, desequilibró la armonía de todo el sistema.

Las palabras no fueron escritas, pero el compromiso sí fue sentido. Y cuando un compromiso energético se incumple, el universo cobra la factura.

Caso 2: La empleada y la energía del merecimiento

En otra empresa, una empleada le robó a su jefe más de 200 mil dólares. Durante una auditoría interna descubrimos cómo lo había hecho: Se aprovechaba de los cheques firmados que el dueño dejaba antes de viajar y los cobraba en efectivo con ayuda de una amiga en el banco.

Cada revisión revelaba un nuevo fraude: cheques duplicados, pagos falsos, transferencias invisibles. El dueño se sentía traicionado, pero al analizar el caso más profundamente comprendí algo importante.

La empleada estaba convencida de que el dinero le pertenecía. Aunque ganaba un salario alto —incluso superior al promedio—, sentía que no era valorada como merecía. Su sensación de injusticia la llevó a justificar el robo. Desde su percepción, no robaba: "tomaba lo que le correspondía".

¿Inmoral? Sí. ¿Frecuente? También.

Este tipo de situaciones ocurre cuando los acuerdos energéticos —como la gratitud, el reconocimiento y la equidad— no están presentes. Y cuando eso pasa, el equilibrio se rompe y la energía de la empresa se contamina.

El verdadero contrato

En los negocios, todo acuerdo es un intercambio energético. El papel firmado puede protegerte legalmente, pero no puede garantizar el equilibrio emocional o espiritual.

Por eso, además de los contratos escritos, deben existir acuerdos invisibles:

- El respeto mutuo.
- El reconocimiento del esfuerzo.
- La gratitud hacia quienes ayudan a construir.
- La coherencia entre lo que se promete y lo que se cumple.

Cuando esos acuerdos energéticos se respetan, los negocios fluyen con abundancia. Pero cuando se violan, las pérdidas no siempre son económicas: también se pierden relaciones, confianza y paz interior.

Reflexión final

Como dueño de negocio, siempre debes saber con quién haces acuerdos, ya sean de palabra, escritos o energéticos. Porque tarde o temprano, la energía de la verdad sale a la luz.

Recuerda:

El papel de los contratos puede romperse, pero los acuerdos del alma nunca se borran. Cumple tus promesas, agradece con humildad y vive con integridad. Mantén **tu presencia** despierta en cada decisión. Esa es la firma que abre caminos... y la única que el universo jamás ignora.

CONFERENCIA

NEGOCIOS CON ALMA

Una conferencia para emprendedores que buscan estabilidad, claridad y propósito mientras construyen un negocio saludable desde adentro hacia afuera.

¿Qué aprenderás?

- Orden interno y enfoque
- Energía para sostener tu negocio
- Decisiones claras con propósito
- Fortaleza emocional diaria
- Crecimiento sin agotamiento

LLEVA ESTA CONFERENCIA A TU CIUDAD

AnaDelia Rodríguez
+1 (626) 628-8634

CAPÍTULO 12

IV. TU ALIANZA

El cuarto fundamento integra todo lo aprendido: comunicación, clientes, dinero, legado y expansión. Porque nada de esto funciona separado. Todo es una alianza, un pacto energético entre tu espíritu y el entorno que te sostiene, un encuentro donde tu negocio y tu alma comienzan a caminar al mismo ritmo.

a. Escoge tus clientes

Hace algunos años, una sobrina mía —recién graduada como masajista— me hizo una pregunta muy interesante.

Ella vivía entre los condados de Orange y Los Ángeles, y me consultó:

"¿Qué tipo de clientes son mejores, los del condado de Orange o los del condado de Los Ángeles?".

Pensé cuidadosamente antes de responder. Cuando alguien está a punto de iniciar un negocio, cada palabra que le damos puede guiar su camino. No debemos contestar con ligereza, sino con conciencia, experiencia y sabiduría.

Tras reflexionar un momento, recordando mi propio recorrido como empresaria y contadora, le respondí:

"No importa dónde crezcas tu negocio. En ambos lugares encontrarás buenos clientes. Pero hay algo más importante: no son los clientes quienes te eligen a ti... eres tú quien los elige a ellos. O, para decirlo de una forma más equilibrada: se eligen mutuamente".

La conexión divina entre empresa y cliente

Cuando una persona llega a tu negocio, puede parecer que te escoge por tus precios o por tus productos, pero no es así. Los precios suben y bajan; lo que permanece es la energía de conexión entre ambas partes. Cuando hay buena vibración, el cliente se convierte en parte de la familia de tu empresa.

Cada vez que tomas una llamada o atiendes a alguien por primera vez, ocurre un pequeño milagro: una conexión divina entre tu espíritu emprendedor y el alma del cliente. Y si esa conexión se cultiva con respeto y amor, el vínculo será duradero.

El ejemplo del negocio de los panes

Hace unos días visité una panadería muy famosa. Tiene varias sucursales, y sin importar a cuáles vayas, siempre hay una fila afuera. Las personas esperan pacientemente, sabiendo que saldrán de allí con bolsas llenas de pan... y una sonrisa.

Al observar el lugar, entendí algo poderoso: no es solo el sabor lo que atrae, sino la energía con la que fue creado el negocio. Sus dueños no solo vendían pan; ofrecieron alegría, calidez y una experiencia de abundancia. El espíritu con el que este negocio nació es tan fuerte que seguirá floreciendo por muchos años.

Cuando fundas tu empresa con ese mismo espíritu —el de servir, compartir y agradecer—, tus clientes sentirán tu esencia. Y cuando eso sucede, no hay precio ni competencia que pueda romper esa conexión.

El principio de la elección consciente

Elegir a tus clientes no significa excluir a otros, sino reconocer con quién compartes tu energía. Cada persona que llega a tu negocio lleva algo de ti y deja algo de sí.

Por eso, cuida la energía con la que sirves. Si vibras en amor, atraerás clientes amorosos. Si trabajas desde el miedo o la escasez, atraerás experiencias que te reflejen esa energía.

El valor, la confianza y la satisfacción que sientas por lo que haces son los mismos valores que atraerás en tus clientes. Así como se contagia el miedo, también se contagia la grandeza.

Empresas sin alma

Durante años, vimos compañías con sistemas fríos y deshumanizados: procesos humillantes, salarios injustos y productos sin amor. Pero todo tiene su ciclo. Las empresas que olvidan la dignidad humana están desapareciendo poco a poco. Hoy, los consumidores son más conscientes. Ya no compran solo por necesidad, sino por vibración. Si un lugar no les transmite paz, simplemente se van. El mundo está aprendiendo a distinguir la calidad de la energía antes que la del producto.

Construye tu negocio sobre pilares espirituales

Construir un negocio sólido no solo implica generar riqueza, sino también crear armonía. Cuando una empresa se sostiene sobre pilares de abundancia y espiritualidad, se convierte en una fuente inagotable de bienestar.

Un negocio es un ser vivo: respira, siente y vibra. Al nutrirlo con amor, conciencia y gratitud, se convierte en una extensión de tu propia luz divina. Y cuando tu negocio vibra en esa frecuencia, tus clientes —tus verdaderos clientes— llegarán a ti sin esfuerzo, atraídos por la misma energía que tú emanas.

Reflexión final

Escoger a tus clientes es, en realidad, escoger tu energía. Cada relación comercial es un intercambio de luz y propósito. El cliente correcto resonará con tu verdad, y el vínculo entre ambos será duradero, honesto y próspero.

Recuerda:

No atraes lo que vendes, atraes lo que eres.

Crea desde la abundancia, sirve desde el amor, y tus clientes serán reflejos de tu grandeza interior.

b. Miseria real vs. riqueza traumada

El fin de semana pasado asistí a un evento al que fui invitada. No conocía a nadie más que a la persona que me extendió la invitación. Fui con entusiasmo, decidida a disfrutar de una velada agradable. Llegué puntual y tuve la suerte de elegir un lugar cómodo, con buena vista, perfecto para observar el ambiente. Nos presentaron a varias personas y, entre ellas, nos conectamos con una pareja encantadora: él, un inversionista; ella, ama de casa. La conversación comenzó de manera sencilla, hablando de temas comunes: el lugar donde vivían, su trabajo, la familia.

Con el paso de los minutos, la charla se volvió más íntima. Nos hablaron de sus hijas, de sus nietos, de sus perros, y nos mostraron fotos con orgullo. Hasta que, sin proponérselo, él empezó a hablar de su infancia. Y ahí fue donde surgió la historia que marcaría la reflexión de esta noche.

La herencia de la miseria

El hombre relató que su padre trabajaba sin descanso, con varios empleos, y que en uno de ellos recibía propinas. Era la década de los años 60 o 70, una época donde casi todo se manejaba en efectivo. El padre guardaba cada centavo, viviendo en una miseria absoluta, aunque tenía dinero.

Pero lo más impactante no fue su austeridad, sino su obsesión enfermiza por ahorrar. El hijo contó, con una mezcla de tristeza y asombro, que su padre nunca compraba papel higiénico. Y no, no usaba periódico ni toallas de papel: usaba una toalla de tela, que lavaba y reutilizaba una y otra vez.

Al escucharlo, sentí un nudo en el estómago. Era imposible no imaginar el nivel de miseria interior que debía habitar en aquel hombre. Esa historia me sacudió profundamente.

Pensé en el niño que creció en ese entorno, en su hambre emocional, en su vergüenza y en el peso invisible de una pobreza que no era solo económica, sino espiritual.

Con los años, ese padre murió, dejando a su hijo una herencia cercana a los dos millones de dólares. Podría parecer un final feliz... pero no lo fue. El dinero heredado estaba cargado de dolor, de carencia y de miedo.

El hijo, ya adulto, creó su propia empresa y hoy está a punto de heredar a su hija. Y aunque su compañía es próspera, aún vibra la energía ancestral de la miseria que originó esa fortuna. Porque cuando heredamos, no sólo recibimos bienes materiales: heredamos la energía con la que fueron creados.

La riqueza traumada

Un dinero nacido del miedo, la humillación o la escasez lleva impreso ese código energético. Si no se limpia, si no se transforma, ese mismo patrón se repetirá generación tras generación.

Por eso es tan importante preguntarnos:

¿Desde qué energía estoy creando mi negocio?

¿Desde el miedo a perder o desde el deseo de compartir?

¿Desde la carencia o desde la abundancia?

Cada decisión que tomamos en nuestra empresa, cada pensamiento que la alimenta, se convierte en parte del ADN espiritual del negocio. Y ese ADN será heredado por quienes vengan después.

Crear bajo una atmósfera de miseria, control o desconfianza solo perpetúa la escasez. En cambio, construir desde la fe, la esperanza, la libertad y el amor genera riqueza consciente, una prosperidad que libera, no que encadena.

Niveles de comunicación y energía

La historia de la miseria heredada también nos lleva a reflexionar sobre otro tema: la comunicación. Porque toda energía —incluida la del dinero— se transmite, aunque no se hable de ella.

Vivimos rodeados de múltiples formas de comunicación: verbal, corporal, escrita, digital. Sin embargo, la más poderosa de todas sigue siendo la comunicación energética o telepática.

La comunicación telepática

Encontré una definición que me encanta:

"La telepatía es la capacidad de comunicarse mentalmente, de transmitir o recibir pensamientos sin la intervención de los sentidos o instrumentos físicos."

En otras palabras, es comunicación de mente a mente, de alma a alma.

Cuando dos personas trabajan juntas, cuando un cliente entra en contacto con tu negocio, las almas se comunican antes que las palabras. El cliente siente tu energía antes de escuchar tu discurso. Y si esa energía es genuina, coherente y amorosa, no necesitarás convencer a nadie: la conexión será natural.

Del mismo modo, si en tu empresa existe una energía tensa, deshonesta o carente, tus clientes lo percibirán, aunque no puedan explicarlo.

Por eso, tanto en la vida como en los negocios, la comunicación energética es clave.

Antes de firmar un contrato, de lanzar un producto o de hacer una venta, revisa tu energía. Porque lo que emanas es lo que atraes.

Reflexión final

La verdadera miseria no es la falta de dinero, sino la desconexión con el alma. Y la verdadera riqueza no se mide en cifras, sino en la paz y la alegría con las que compartimos lo que tenemos.

Crea, invierte y construye con amor. Que tu negocio, tu legado y tu prosperidad estén libres de traumas, y llenos de propósito y gratitud.

Recuerda:

La energía con la que creas algo determina la energía con la que se sostendrá. Crea desde el alma, y tu riqueza no será solo material, sino también eterna.

c. La Curva

Durante años he visto nacer, crecer, prosperar y también cerrar muchos negocios. En todos ellos he notado un factor común, una constante que atraviesa cada historia empresarial.

A esa constante la llamo "la curva".

Todo negocio pasa por procesos de transformación. A veces el crecimiento es ascendente; otras, el camino se desvía hacia lugares menos agradables para el dueño. El ciclo es natural, y comprenderlo puede marcar la diferencia entre la caída y la evolución.

El origen de un negocio

Crear un negocio siempre parte de una idea. Puede surgir del dueño o de alguien más, de una mirada casual al pasar por una calle, de la creatividad de un niño o de la sabiduría de un adulto. El impulso inicial es casi siempre una chispa inesperada, una intuición que se convierte en propósito.

Desde ese primer destello hasta la venta del producto, el negocio atraviesa muchas fases. Y entre todas ellas existe una etapa crucial: la curva, el punto en que algo cambia y nada vuelve a ser igual.

La ley del movimiento

Existe una ley universal que dice: *todo lo que sube, baja*. Y sí, también aplica a los negocios. Aunque parezca una afirmación pesimista, en realidad es una verdad llena de sabiduría.

No se trata de pérdida, sino de transformación.

La curva puede presentarse en cualquier momento: a los 5, 10 o 20 años de iniciado el proyecto. No tiene un tiempo exacto, porque cada empresa tiene su propio ritmo de crecimiento. Lo importante es entender que la curva no siempre representa una caída, sino una oportunidad para reinventarse.

Cuando llega la curva

La curva suele manifestarse cuando el empresario comienza a sentir desesperación.

Las ventas bajan, los gastos suben, y el miedo aparece. Esa sensación de urgencia se filtra en todo: en el equipo, en la familia, en el ambiente. Y aunque el dueño crea que está escondiendo su ansiedad, los clientes la perciben.

En el mundo energético, todo es vibración. Si el dueño vibra en desesperación, su entorno también lo hará. Por eso, cuando la curva llega, el mejor consejo es no correr... sino detenerse.

El poder de detenerse

Muchos empresarios creen que cuando las cosas van mal, deben trabajar más, quedarse hasta tarde, dormir en la oficina, vivir en el negocio. Pero el exceso de esfuerzo no siempre salva: a veces asfixia.

Si tu negocio está en la curva, tómate un respiro. Sal de ese espacio, aunque sea por unas horas. Ve a caminar, a respirar, a reconectar contigo mismo. No necesitas dinero para hacerlo: si tienes gasolina en el auto y puedes comprarte un sándwich, tienes lo necesario para empezar.

Alejarte por momentos te permitirá descansar la mente y reconectar con tu creatividad. Las mejores ideas **nacen del silencio y la calma**, no del agotamiento.

Las curvas externas

Existen también curvas provocadas por factores externos: crisis económicas, cambios sociales o pandemias, como la que vivimos hace poco.

Muchos empresarios nos llamaban buscando respuestas, confundidos y temerosos. Sin embargo, otros eligieron mirar hacia adentro. Unos se refugiaron en sus bodegas, otros en sus corazones. Y así, con creatividad, muchos transformaron sus negocios en algo completamente distinto.

Esos empresarios no solo sobrevivieron: renacieron. Convirtieron el obstáculo en oportunidad.

Cómo salir de la curva

No importa en qué tipo de curva estés:

- sí es el final natural de una etapa,

- sí requiere una reinvención,

- o si simplemente necesitas un cambio de energía.

En todos los casos, el primer paso es trabajarte a ti mismo. El negocio es un reflejo de su dueño. Si tú no estás bien, tu empresa tampoco lo estará.

Haz espacio para ti: viaja, haz ejercicio, comparte con tu familia, medita, crea un nuevo hobby. Eso no te aleja del negocio; te conecta con él desde otro nivel.

Cuando te das tiempo para respirar, el negocio respira contigo. Tu energía se renueva, tus ideas vuelven y el camino se aclara.

Una historia inspiradora

Recuerdo a una joven empresaria que, con apenas veinte años, firmó su primer contrato de renta comercial. Pidió prestado dinero y se lanzó a cumplir su sueño.

Pero durante semanas nadie entraba a su tienda. Era desesperante.

Aun así, en lugar de rendirse, ella decidió mantener su energía alta: limpiaba su local todos los días, escuchaba audiolibros y música positiva. Ese pequeño acto cambió todo. Con el tiempo, la gente comenzó a llegar, su negocio creció, y hoy es una empresaria próspera.

Ella comprendió que salir de la curva no siempre significa irse físicamente, sino cambiar la vibración interna. Cuando elevas tu frecuencia, el universo responde.

Reflexión final

No importa la curva en la que te encuentres hoy: todas se pueden superar. A veces son señales de cierre, otras de renacimiento. Pero siempre son una oportunidad para reconectar con tu propósito.

Si tu negocio necesita un cambio, obsérvalo con amor. Tal vez requiera una dosis de creatividad, una estrategia de marketing o simplemente más descanso para ti.

Recuerda:

No puedes sostener un negocio lleno de vida si tú mismo te sientes vacío. Descansa, confía y vuelve a crear. Porque después de cada curva... viene una nueva subida.

CAPÍTULO 13

V. TU VOZ

En este quinto y último fundamento, integra el poder del lenguaje, la fuerza de tu autoestima y la claridad de tu propósito. Todo lo que has descubierto hasta aquí necesita **expresarse**, vibrar y tomar forma en tu palabra. Porque **tu sonido** —lo que dices, cómo lo dices y desde dónde lo dices— es la huella energética que dejas en el mundo.

a. Palabras de poder

En un país de inmigrantes, el poder de las palabras se convierte en una herramienta esencial en el mundo de los negocios. No importa si eres el dueño de la empresa o un empleado: todos necesitamos aprender a comunicarnos con respeto, claridad y conciencia, especialmente en un entorno donde conviven múltiples culturas e idiomas.

En cada país, incluso cuando se habla un solo idioma, existen modismos, expresiones y formas de hablar que pueden resultar ofensivas o inapropiadas en un ambiente profesional. Por eso, educarnos en el uso del lenguaje es una inversión en armonía y crecimiento, tanto personal como empresarial.

El poder de la expresión consciente

Cuando un nuevo empleado llega a la empresa —sobre todo si acaba de emigrar—, es importante ofrecerle un entrenamiento en libertad de expresión con responsabilidad. Muchos comportamientos comunes en su país de origen pueden no ser aceptables en su nuevo entorno laboral. Gestos tan simples como tocar a alguien sin permiso, usar sobrenombres o bromas culturales pueden resultar invasivos u ofensivos.

Llamar a cada persona por su nombre es un acto de respeto. Los nombres no son etiquetas: son vibraciones energéticas únicas, inscritas en nuestra identidad desde el momento en que nacemos.

Por eso, acortar o modificar el nombre de alguien por comodidad es alterar la esencia de su individualidad.

Hace algunos años, trabajé con una empresaria nigeriana cuyo nombre era difícil de pronunciar. Cada vez que debía emitir un cheque, revisaba letra por letra para escribirlo correctamente. Al principio, todos intentaban abreviarlo, pero ella, orgullosa de su herencia, se mantuvo firme. Con el tiempo, todos aprendimos a pronunciar con respeto. Esa persistencia fortaleció su identidad y enseñó a todos una lección de dignidad.

En cambio, he conocido personas que, por razones comerciales, cambiaron su nombre por otros más fáciles o "agradables" al público.

Con el tiempo me confesaron que sentían tener dos personalidades: una para su familia y otra para el mundo.

Ese desdoblamiento, aunque útil para los negocios, les dejó una herida invisible: la pérdida de autenticidad.

Ningún nombre debe ser rechazado o modificado por dificultad o desconocimiento. Aprenderlo es un acto de respeto, y el respeto siempre vibra con frecuencia de prosperidad.

El lenguaje y sus resonancias ocultas

Cada palabra tiene una vibración. Algunas elevan; otras degradan. Hay términos que heredamos de siglos de sumisión y que aún usamos sin darnos cuenta de su carga energética.

Por ejemplo, en muchos países latinoamericanos persisten expresiones como "mande" o "de nada". Ambas nacen de estructuras de obediencia y devaluación, sembradas en generaciones marcadas por la humillación colonial.

No son "malas palabras", pero sí palabras cargadas de una energía servil.

La mejor forma de liberarnos de ellas es reemplazarlas con conciencia y gratitud, usando expresiones que reflejan dignidad y equilibrio.

Otro ejemplo es el uso de "Don" o "Doña" antes del nombre del dueño o la dueña del negocio. En muchos contextos, parece una forma de respeto; sin embargo, su vibración energética proviene del poder jerárquico, de una mentalidad antigua que exalta el dominio de uno sobre otros.

Pregúntate: ¿esa palabra me hace sentir respeto o sumisión? El lenguaje crea realidades, y cada palabra que pronunciamos proyecta una vibración que puede construir o destruir.

Las groserías, por ejemplo, suelen estar ligadas a lo más íntimo del ser humano —la madre, el cuerpo, la sexualidad—.

No es casualidad: son heridas colectivas expresadas a través del lenguaje. Al hacerlas conscientes, podemos sanar la resonancia de nuestras palabras y transformar nuestro vocabulario en una melodía de poder. Las palabras como energía creadora.

Las palabras son instrumentos de creación o destrucción. Simplifica tu vocabulario, pero haz que cada palabra tenga fuerza, armonía y propósito. Hablar con consciencia es emitir música energética, una melodía que eleva la vibración de quienes te escuchan y también la tuya.

En el mundo de los negocios, las palabras correctas abren puertas, construyen relaciones y proyectan liderazgo.

La forma en que hablas revela quién eres y qué energía representas.

Honremos a los demás, pero no te olvides de ti.

A veces, sin darnos cuenta, desarrollamos una devoción excesiva por quienes admiramos —empresarios, artistas o líderes—. Los idealizamos tanto que nos olvidamos de nuestra propia grandeza.

Respetar a alguien no significa idolatrar. Puedes aprender de su experiencia, admirar su disciplina, o inspirarte en su éxito, pero nunca entregarle tu poder. Porque cuando pones a otro en un pedestal, te disminuyes a ti mismo.

Ser un gran empresario no siempre equivale a ser un gran ser humano. Muchos tienen fortunas impresionantes, pero vidas vacías.

Por eso, antes de admirar a alguien, obsérvalo con conciencia: ¿Qué tipo de energía proyecta?, ¿qué vibra realmente detrás de su éxito?

Cinco reflexiones para el poder interior

1. **No confundas riqueza con dinero**

   Algunas personas poseen muchos bienes, pero poca paz. No son "ricos", son solo dueños de cosas. La verdadera riqueza es lo interno disfrutando de lo externo.

2. **Deja de competir**

   Mirar constantemente a tus competidores distrae tu propósito. Cada negocio tiene su frecuencia y su camino.

3. **No persigas el éxito ajeno**

   Muchos empresarios viven en ansiedad permanente porque nada los satisface. Han construido imperios, pero no logran habituarse a sí mismos.

4. **Crecimiento integral**

   No solo hagas crecer tu empresa; crece tú como ser humano. Expándete en amor, sabiduría y equilibrio.

5. **Define tu propia riqueza**

Pregúntate: "¿Qué es la riqueza para mí?". Cuando respondas con el corazón, habrás encontrado tu verdadera brújula.

Reflexión final

El poder de las palabras no está en su sonido, sino en la intención con la que se pronuncian. Hablar con conciencia es sanar tu historia y elevar la vibración de tu entorno. Y cuando usas las palabras para honrar, inspirar y crear, estás construyendo una riqueza que no se mide en cifras, sino en almas iluminadas.

Recuerda:

Tu voz es energía. Lo que pronuncias **crea**. Y lo que callas, también vibra. Habla con amor, y tu mundo responderá con abundancia.

CONCLUSIÓN

Al principio de este libro te prometí mostrarte cómo reconectar con **el espíritu de tu negocio**, devolverle vida cuando parecía apagado y descubrir en ti **la fuerza que vuelve imparable cualquier emprendimiento**. ¿He tenido éxito? Solo tú puedes responderlo. Si alguna palabra tocó tu historia, despertó tu memoria o encendió de nuevo tu fe, entonces ya avanzamos juntos más de lo que imaginas.

Recapitulemos lo que hemos caminado. Aquí tienes, de forma sencilla y clara, los cinco fundamentos que sostienen el alma de cualquier emprendimiento con espíritu:

1. Tu Esencia

Descubriste que nada sólido se construye sobre la mentira interior. Fuiste a tu raíz, miraste tu historia, tus heridas y tus triunfos, y comprendiste que el verdadero negocio empieza dentro de ti, cuando decides honrar quién eres de verdad.

2. Tu Vibración

Entendiste que tu energía lo es todo. Aprendiste a escuchar tu cuerpo, tu cansancio, tu salud, tus emociones, tus hábitos y tu entorno. Comprendiste que, si tú vibras en miedo o agotamiento, tu negocio lo refleja... y que también puede reflejar tu paz.

3. Tu Presencia

Viste que no eres solo dueño: eres presencia viva dentro de tu empresa. Cuerpo, espíritu, liderazgo y ética se unieron. Aprendiste que tus decisiones, tus acuerdos visibles e invisibles y la forma en que honras a otros son la verdadera firma que el universo reconoce.

4. Tu Alianza

Comprendiste que no estás solo. Clientes, familia, empleados, dinero y legado forman una cadena de energía. Aprendiste a elegir mejor a quién le abres la puerta, a cuidar la vibración de tus relaciones y a entender que cada intercambio es un pacto entre almas.

5. Tu Voz

Descubriste el poder de la palabra. Entendiste que tu manera de hablarte y de hablar a otros construye realidad. Que tu nombre, tu forma de expresarte, tu lenguaje y tu autoestima son parte del mismo mensaje: el espíritu que tu negocio emite al mundo.

Estos cinco fundamentos no son teoría: son **vida**. Son camino. Son la estructura invisible que hace que un negocio no solo funcione, sino que florezca con sentido, con abundancia y con paz interior.

Ahora, imagina tu vida después de integrar estos fundamentos. Imagina despertar con más calma, con menos ruido en la mente y más claridad en el corazón. Imagina decisiones que nacen de un lugar limpio, un negocio que ya no te drena, sino que te expande.

Imagina clientes que llegan por coherencia y no por urgencia. Oportunidades que se abren porque tú te abriste primero. Puertas que dejan de estar cerradas porque, dentro de ti, ya derribaste los muros del miedo, la culpa o la escasez.

Imagina una vida donde ya no solo sobrevives: avanzas.

Donde ya no vives dudando: eliges.

Donde ya no te rompes: te recreas.

Esa vida está ahí. No en un futuro lejano, **sino en tu próxima decisión consciente**. En el siguiente "sí" que le des a tu esencia, a tu vibración, a tu presencia, a tu alianza y a tu propia voz.

Gracias por llegar hasta aquí. Gracias por darte este espacio. Ahora viene la parte más hermosa: poner en práctica lo que sentiste y lo que entendiste. Si deseas seguir profundizando, sanar más capas o sumar herramientas, te invito a seguir caminando conmigo en mis espacios oficiales que te muestro en las siguientes páginas. Ahí seguimos creciendo, aprendiendo y expandiendo el espíritu de nuestros negocios.

Sea cual sea tu siguiente paso, recuerda esto: **Lo que tú buscas... también te está buscando a ti**.

Solo necesitas decir "sí" y empezar a caminar.

AnaDelia Rodríguez

P.D.: Envíame un mensaje en este mismo momento al WhatsApp **+1 (562) 631-0078** y dime qué fue lo que más te gustó de este libro.

AGRADECIMIENTOS

Agradezco a mis hijos Manuel y Ana Cecilia, a mi familia y a mis amigos por darme siempre su sabiduría y su amor.

A mis grandes mentores Graciela Hernández, Adriana Pierce y Héctor M. Castro, CPA, gracias por guiarme en cada reporte, en cada transacción y en cada forma que no sabía cómo llenar o generar, y por darme siempre el respeto como profesional en el campo contable.

A mis clientes, gracias por elegirme y darme la oportunidad de acompañarlos en sus procesos de crecimiento. Gracias por permitirme ser parte de su historia.

Y gracias a mis compañeros de todos esos lugares donde compartí mi experiencia contable; unos se convirtieron en grandes amigos y otros en grandes desafíos, pero todos fortalecieron mi crecimiento profesional y personal.

Especialmente, mi gratitud a las personas de la limpieza de cada compañía en la que trabajé, porque fueron mis aliados: me alimentaron, me cuidaron y me dieron un espacio para descansar en los momentos más fuertes de mi camino empresarial.

ACERCA DEL AUTOR

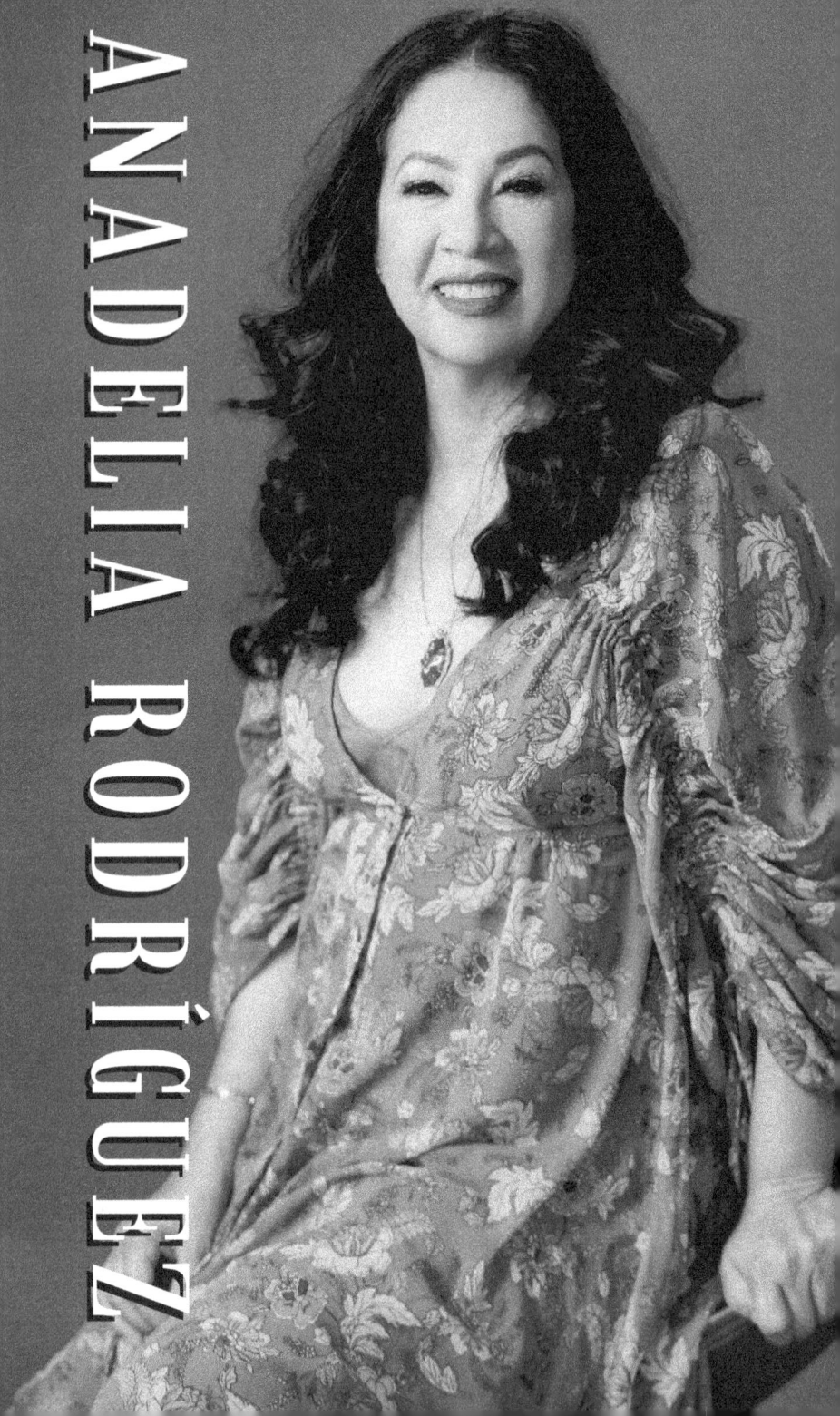
ANADELIA RODRÍGUEZ

AnaDelia Rodríguez es Lic. en Contaduría Pública, *Business Coach* y Conferencista internacional, reconocida por acompañar a emprendedores y dueños de negocio a construir empresas más conscientes, estables y alineadas con su propósito. Fundadora de **Ana Delia Financial Services Inc.**, en Covina, California, ha dedicado más de dos décadas a servir como contadora y preparadora de impuestos para compañías de distintos rubros en México y Estados Unidos.

Inició su camino contable a los 17 años, en una agencia automotriz en Culiacán, Sinaloa y desde entonces ha desarrollado una trayectoria sólida, práctica y profundamente humana. Egresada de la **Facultad de Contaduría Pública de la Universidad Autónoma de Sinaloa**, emigró a Estados Unidos en 1996, donde consolidó su carrera profesional y expandió su labor hacia la mentoría empresarial.

A lo largo de su crecimiento personal, ha estudiado y vivido una innumerable variedad de seminarios, talleres, retiros y procesos de transformación, descubriendo que detrás de cada logro existe una raíz emocional, espiritual y mental que sostiene los resultados. Esta comprensión la llevó a convertirse también en facilitadora de conciencia para emprendedores, impartiendo talleres de contabilidad, liderazgo y negocios con visión integral.

AnaDelia proviene de una familia marcada por el amor, la voluntad y la libertad. Esa esencia la acompaña en cada conferencia y en cada proceso de crecimiento que guía. Hoy combina su experiencia financiera con una visión profunda del ser humano, ayudando a las personas a sanar su relación con el dinero, el trabajo y su propio espíritu. Vive en California, disfruta viajar, aprender y compartir su misión. Puedes conocer más en www.AnaDeliaRodríguez.com.

¡FELICIDADES POR LLEGAR HASTA AQUÍ!

Querido lector,

Gracias por caminar conmigo estas páginas. Nada de lo que escribí nació desde la teoría, sino desde la vida misma... desde cada amanecer difícil, cada noche de dudas y cada una de esas victorias que llegan cuando uno decide seguir adelante, aunque duela. Si estás leyendo estas líneas, es porque algo dentro de ti ya empezó a moverse. Y eso, créeme, es poderoso.

Hoy quiero pedirte un favor que nace desde el corazón. Lo que tú escribas puede iluminar el camino de alguien más. Tus palabras tienen fuerza, tienen historia y tienen verdad.

Solo te pido dos cosas sencillas:

- Cuéntame cómo este libro tocó tu vida.

- Deja un comentario honesto en mi página de Amazon.

Es fácil: solo busca mi nombre o el título del libro en Amazon y escribe ahí lo que sentiste, lo que aprendiste, lo que despertó en ti. Cada vez que leo un comentario, le doy gracias a la vida por permitirme acompañar a alguien más en su proceso. Y tus palabras ayudarán a otros a tomar la decisión de transformar su propio camino.

Si este libro te sostuvo, te inspiró o simplemente te acompañó en un momento clave, deja tu calificación. Yo estaré ahí, leyendo cada línea con el alma abierta y el corazón agradecido.

Gracias por permitirme entrar a tu vida por unas cuantas páginas. Ahora te toca a ti: toma lo aprendido, llévalo contigo y empieza a construir la versión más luminosa de tu historia.

Te leo en Amazon.

AnaDelia Rodríguez

MAESTRÍA
DEL DUEÑO CONSCIENTE
TU NEGOCIO, TU RIQUEZA

¿Quieres que tu negocio por fin muestre todo el esfuerzo que tú das?

Regístrate al **curso** (presencial y en línea) donde te acompaño personalmente en un proceso íntimo y estratégico **diseñado para dueños de negocio latinos en USA** que buscan claridad, orden y crecimiento real.

Al terminar, no solo sabrás llevar tus números con claridad, sino que habrás reprogramado tu mentalidad para crecer con propósito, orden y libertad.

Contáctame HOY MISMO
+1 (626) 628-8634

MAESTRÍA
DEL DUEÑO CONSCIENTE
TU NEGOCIO, TU RIQUEZA

En esta mentoría grupal aprenderás a:

- Entender estados financieros como un verdadero líder
- Elegir la mejor estructura legal y fiscal para tu negocio
- Dejar atrás miedos y creencias limitantes con el dinero
- Sanar tu mentalidad con sesiones de hipnosis y coaching
- Tomar decisiones con seguridad y visión a largo plazo

Además, tendrás acceso a:

- Sesiones grupales VIP semanales conmigo
- Respuestas personalizadas en máximo 48 horas
- Una comunidad exclusiva de emprendedores conscientes
- Beneficios especiales en futuros eventos y conferencias

Contáctame HOY MISMO
+1 (626) 628-8634

COACHING PROGRAMA ELITE

Ayudo a emprendedores a recuperar su fuerza interior para prosperar.

Trabajemos **uno a uno** en el crecimiento de tu negocio y la paz en tu vida.

Contáctame HOY MISMO

+1 (626) 628-8634

¿Tienes una historia para contar?

Nos gustaría escucharla...

TU HISTORIA PUEDE ABRIR CAMINOS

En Editorial Misión creemos que **tu historia tiene un propósito mayor.**

Te acompañamos desde tu **mensaje interior** hasta **tu libro terminado**, para que tu voz se convierta en **legado** y tu experiencia ilumine a quienes viven lo que tú ya superaste.

- Escuchamos **tu verdad** con sensibilidad
- Ordenamos tu mensaje con claridad
- Escribimos y editamos contigo en menos de **3 horas** de tu tiempo
- Diseñamos y publicamos tu libro con sello profesional
- Te ayudamos a **lanzarlo al mundo** con autoridad y propósito

"Tu historia es poder.
*Publicarla es crear **un legado**"*

MISIÓN

Da el primer paso hoy:

WhatsApp: +1-480-278-6083
info@editorialmision.com
www.EditorialMision.com

www.ingramcontent.com/pod-product-compliance
Lightning Source LLC
LaVergne TN
LVHW011326080426
835513LV00006B/217